Investidor-Trader Lúcido:

Acabando com a Polarização no Mundo dos Investimentos

Diego Tresinari, Ph.D.

Diego Tresinari Ph.D.

"O leão não pode se proteger de armadilhas, e a raposa não pode se defender de lobos. É preciso, portanto, ser uma raposa para reconhecer as armadilhas e um leão para assustar os lobos."

Niccolò Machiavelli

Índice

QUEM SOU EU (Diego Tresinari): 5

Informe "Investidor-Trader Lúcido" – Mês de Maio 2020 10

Informe "Investidor-Trader Lúcido" – Mês de Junho 2020 24

Informe "Investidor-Trader Lúcido" – Mês de Julho 2020 40

Informe "Investidor-Trader Lúcido" – Mês de Agosto 2020 56

Informe "Investidor-Trader Lúcido" – Mês de Setembro 2020 77

Informe "Investidor-Trader Lúcido" – Mês de Outubro 2020 89

Informe "Investidor-Trader Lúcido" – Mês de Novembro 2020 103

CONSIDERAÇÕES FINAIS SOBRE A SÉRIE DE INFORMES "INVESTIDOR-TRADER LÚCIDO" 123

CENTRO DE ESTUDOS FINANCEIROS (CONSULTORIA FINANCEIRA INDEPENDENTE) 144

GLOSSÁRIO – TIPOS DE INVESTIMENTOS DISCUTIDOS (Tesouro Direto) 155

GLOSSÁRIO – TIPOS DE INVESTIMENTOS DISCUTIDOS (Fundos de Investimentos Imobiliários, FIIs) 157

GLOSSÁRIO – TIPOS DE INVESTIMENTOS DISCUTIDOS (Ações) 160

GLOSSÁRIO – TIPOS DE INVESTIMENTOS DISCUTIDOS (Contratos no Mercado Futuro) 163

GLOSSÁRIO – TIPOS DE INVESTIMENTOS DISCUTIDOS (Criptomoedas) 165

OUTROS LIVROS – Liberdade Financeira Ayurvédica: Insights de Minha Jornada 167

OUTROS LIVROS – Ayurvedic Financial Freedom: Insights From My Wealth Journey (Edição em Inglês) 169

OUTROS LIVROS – Ações com Lucidez: a Saga de um Investidor Iniciante na Bolsa de Valores 171

SÉRIE DE LIVROS NA AMAZON– Investimentos com Lucidez 172

TUTORIAL – INCLUSÃO DOS INDICADORES DE ANÁLISE GRÁFICA DISCUTIDOS (Bandas de Bollinger e Médias Móveis) 175

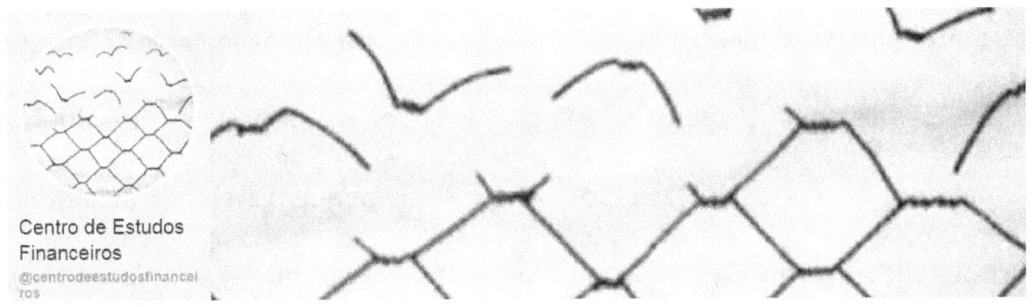

QUEM SOU EU (Diego Tresinari):

Sou investidor do mercado imobiliário e financeiro (Investidor Qualificado segundo instrução CVM, 554/2014) desde 2008. Fui Pesquisador Colaborador Sênior na Unicamp (2008-2019) tendo realizado pós-doutorado na Suíça (2013) e Espanha (2016) na área de Engenharia Econômica. Adicionalmente, durante minha carreira acadêmico-científica contribui com a formação de diversos Pesquisadores de nível de Mestrado e Doutorado e ministrei cursos de Extensão Universitária sobre Finanças Pessoais e Investimentos na Unicamp, até que eu e minha esposa atingimos a independência/liberdade financeira e após um período sabático na Espanha em 2019 (tínhamos 33 anos), para cuidarmos melhor de nossa filha menor e dos outros dois filhos, decidimos por aposentar e somente contribuir, de maneira independente, com o desenvolvimento financeiro das pessoas seja pessoa física/você investidor ou trader (eu que dou as mentorias e cursos) ou das pessoas jurídicas/pequenas empresas geridas por mães (minha esposa Juliana Queiroz Albarelli que é a responsável). (https://www.facebook.com/diegotresinari)

Resumé Acadêmico

Diego Tresinari desde 2004 vem desenvolvendo atividades de pesquisa, desenvolvimento e inovação. Ele possui graduação em Engenharia Química pela Universidade de São Paulo (USP) (2003-2008) e doutorado em Engenharia de Alimentos (Área Ciência e Tecnologia de Alimentos) pela Universidade Estadual de Campinas (UNICAMP) (2008-2011) (doutorado direto com período sanduíche no exterior). Atuou como Pesquisador Colaborador da Faculdade de Engenharia de Alimentos/UNICAMP (2011-2019) e como Membro Fundador da Comissão Gestora dos Equipamentos Multiusuários do Instituto Federal de Educação, Ciência e Tecnologia de

São Paulo, Campus Capivari, tendo realizado estágio pós-doutoral no exterior na área de Engenharia Econômica na École Polytechnique Fédérale de Lausanne (Suíça) (05-2013/04-2014) e na Universidad de Valladolid (Espanha) (01-2016/12-2016). Adicionalmente, realizou estágios acadêmicos internacionais de curta duração na Universidad de Chile (Chile), na Dublin City University (Irlanda) e no CONICET-Bahía Blanca (Argentina). Recebeu 18 prêmios, destacando-se o Prêmio Capes de Tese 2012, o Leopold Hartman pela Sociedade Brasileira de Ciência e Tecnologia de Alimentos (SCBTA) e o de Mérito Científico (no COBEQ 2005) pela Associação Brasileira de Engenharia Química (ABEQ), saindo em mais 25 notícas/comentários/entrevistas na mídia. Atuou como membro do corpo editorial para 21 periódicos internacionais publicados em diferentes editoras (Elsevier, Springer Nature, Bentham Science, etc.) sendo Founder Editor-in-Chief do Internacional Journal of Applied Chemistry and Chemical Engineering e como revisor para 70, bem como revisor de projetos e membro de comitê de assessoramento de diversas agências de fomento nacionais e internacionais, destacando-se a National Science Center (Polônia). Publicou 85 artigos em periódicos especializados, 41 capítulos de livro (Fator H = 24) e mais de 125 trabalhos em anais de eventos científicos; realizou mais de 135 pareceres técnicos. Participou de mais de 45 projetos de pesquisa, desenvolvimento tecnológico e extensão, tendo participado de atividades de empreendedorismo e transferência de tecnologia para o ambiente produtivo e social [Organização de empresas inovadoras, destacando-se à participação nos meses iniciais de criação da Startup FEXTRAT e consultorias/assessorias, destacando-se às realizadas para o Instituto Vita Nova, braço de pesquisa e inovação da empresa EMS e para a empresa Natura]. Participou de mais de 75 eventos no Brasil e no exterior, atuando na organização de 7 destes e sendo membro do comitê científico para 5. Participou na orientação de 2 teses de doutorado, 6 dissertações de mestrado, 2 trabalhos de iniciação cientifica, 1 trabalho de conclusão de curso de graduação e outros 7 trabalhos acadêmicos de curta duração nas áreas de Engenharia Química, Ciência e Tecnologia de Alimentos e Engenharia Econômica. Desenvolveu 13 processos/produtos de inovação tecnológica (sendo 2 pedidos de patente de invenção solicitados [INPI e IPI (Suiça)]. É autor de 10 livros, destacando-se os intitulados Antisolvent Precipitation Process e Supercritical Fluid Biorefining (abos da Springer) e foi Guest Editor para 2 edições especiais: uma para o International Journal of Chemical Engineering (sendo Lead Editor) e outra para o Journal of Chemistry (ambas da Hindawi). Mantém colaboração científica com diversas universidades do país e estrangeiras tais como: The Energy and Research Institute Northeastern Regional Centre/India; Universidad de Carabo/Venezuela; Universidad Técnica de Machala/Equador; James Cook University/Austrália; Universidad de Antioquia/Colômbia; Universidad Nacional Autónoma de Chota/Peru; UFRGN; UEFS; UFOP; entre outras. Em seu Currículo os termos mais freqüentes, na contextualização da produção cientifica e tecnológica são: Compostos Bioativos, Plantas Medicinais, Produtos Naturais, Biorefinaria, Avaliação Econômica (http://lattes.cnpq.br/2702529760353164).

Diego Tresinari Ph.D.

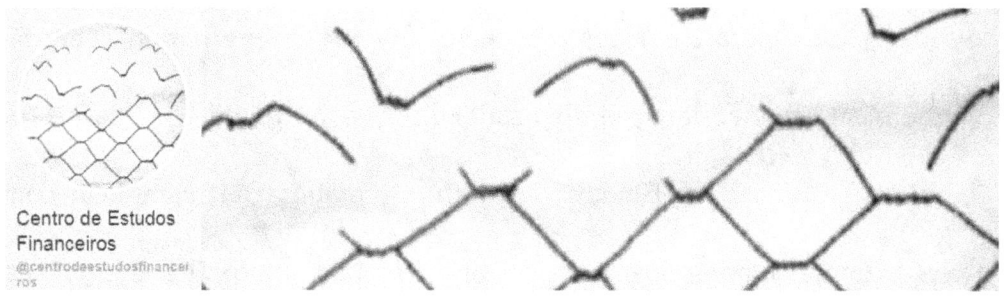

Informe "Investidor-Trader Lúcido" – Mês de Maio 2020 (Documento 1, Postado em Junho 2020 na página www.facebook.com.br/centrodeestudosfinanceiros)

Apresentação

Com o objetivo de fornecer material educacional gratuito o "Centro de Estudos Financeiros" inicia a elaboração do Informe "Investidor-Trader Lúcido". Este informe será elaborado e distribuído na página do Facebook 1 vez por mês ficando arquivado na seção Fotos https://www.facebook.com/pg/centrodeestudosfinanceiros/photos/?ref=p

age_internal para consulta. Se você deseja ser avisado imediatamente quando o Informe é postado envie uma mensagem ao WhatsApp de número: (19) 9.9805-0484 solicitando o seu cadastro na lista de transmissão de WhatsApp. Como a elaboração deste Informe é dependente do "Timing de Mercado", uma vez que a idéia é apresentar estudos práticos para contribuir com a Educação Financeira de vocês, sugiro que solicitem a sua inclusão na lista de transmissão para poder acompanhar adequadamente este material.

Semana Solidária 21-25/05 (curso Trader Lúcido disponibilizado gratuitamente)

Começando com o pé direito nesta nova proposta de material educacional, neste mês de maio de 2020 tivemos muitos acontecimentos interessantes tanto no Mercado Financeiro (mais especificamente no Dólar) quanto nas atividades do "Centro de Estudos Financeiros". Começando pelas atividades do "Centro de Estudos Financeiros" vale a pena destacar a idéia relâmpago que tive de aproveitar a leva de feriados antecipados que os Governadores resolveram decretar para este mês devido à Pandemia do Coronavírus. Assim que apesar de pouco tempo para divulgação eu achei que poderia dar certo de conseguir agrupar um número bom de pessoas interessas em participar do curso "Trader Lúcido" de maneira gratuita devido à Pandemia da COVID-19. E deu certo. Na noite do dia 19/5 iniciei a divulgação da Semana Solidária que conteria o curso "Trader Lúcido" e já no dia 21/05 durante à tarde iniciamos o curso.

Com um foco mais específico no desenvolvimento de operações mais certeiras de trading (negociação, compra/venda, de ativos financeiros com lucro obtido pela valorização ou desvalorização dos ativos) desenvolvemos o curso durante 3 dias (quinta e sexta no período da tarde – 14-18h abordando aspectos mais gerais sobre a Ciência da Análise Gráfica e na segunda pela manhã das 9-14h com o pregão de negociação dos ativos aberta Aplicamos Metodologias de Day-trading, que usaram a Análise Gráfica para geração de renda e que resultaram em um ganho percentual de aproximadamente 0,3 %). Assim que depois de aproximadamente 14 horas de curso os participantes receberam todo o conhecimento necessário para geração de renda em tempos difíceis como a que estamos passando devido à Pandemia.

Apesar de eu souber de todos os riscos envolvidos nas operações em mercado financeiro, uma vez que desde 2013 eu o acompanho intensamente (apesar de estudá-lo desde 2008), como mais recentemente eu fiz uma adaptação com validação com sucesso da minha metodologia que batizei de "Metodologia Zen", a qual apresento no curso "Investidor Lúcido", eu fiquei extremamente confortável em compartilhar com outras pessoas que podem não estar no seu melhor momento financeiro devido à crise econômica. De maneira resumida a "Metodologia Zen" se baseia no entendimento de que nos momentos de reversão de tendência do mercado que a Ciência da Análise Gráfica tem a sua máxima eficiência, assim a tomada de decisão atinge o seu ápice em termos de Risco/Retorno, isto é, menor Risco e maior Retorno possível. A vantagem é que ela pode ser aplicada tanto por Investidores quanto por Traders no mercado financeiro. Talvez eu seja a primeira pessoa que você esteja escutando chamar a Análise Gráfica ou Técnica de Ciência e eu assim o faço porquê a exatidão que eu observo nela ao aplicar a "Metodologia Zen" realmente me possibilita, eu como um Cientista da Área de Engenharia Econômica e da Área de Alimentos, chamá-la assim.

Muita gente fica discutindo sobre qual ferramenta é melhor Análise Gráfica ou Fundamentalista. Eu utilizo e ensino ambas nos meus cursos e mentorias individuais e além ensino outras ferramentas de igual relevância pouco mencionadas pelo "mainstream" (pela maioria dos Educadores Financeiros), como Análise de Fluxo Cambial, Participação dos Estrangeiros no Mercado Futuro, Análise das Commodities, Análise das Bolsas Estrangeiras, etc. Assim que abaixo apresento o racional envolvido para a Operação Apostando na Desvalorização do Dólar, que foi iniciada e explicada durante a Semana Solidária/Curso Trader Lúcido. Você que assistiu ao Curso que este documento sirva de lembrete e acompanhamento da Operação Iniciada e para quem não participou que sirva para sua trajetória de melhoria de sua Educação Financeira.

Operação Apostando na Desvalorização do Dólar

Investidor-Trader Lúcido: Integrando Estratégias "Opostas" na Bolsa de Valores

Talvez muito de vocês não saibam que dá para ganhar dinheiro com a desvalorização de ativos financeiros, como o dólar, no mercado financeiro por exemplo. Entendo que há uma certa dificuldade em conseguir entender este conceito, assim que irei de maneira devagar tentar explicá-lo.

Imaginem que vocês aluguem um apartamento em um bom bairro com valor de venda no momento que você faz a locação de R$ 420.000,00. Este valor na sua opinião não é devido e você julga que há uma bolha imobiliária no mercado imobiliário, assim você procede com a venda deste imóvel mesmo você não sendo o dono. Uma vez o valor entrando em sua conta você continua pagando o aluguel ao proprietário normalmente como se você ainda estivesse alugando-o. Passado alguns meses as pessoas começam a questionar os valores exorbitantes dos apartamentos vendidos no bairro deste apartamento e logo os valores de venda começam a cair. Adicionalmente, surge uma notícia de que um lixão irá se colocado temporariamente ao lado do prédio que você alugou o apartamento. Como você está alugando este apartamento para você a perda de valor de venda não te atinge uma vez que você não é o dono. Porém, a pessoa que lhe pagou os R$ 420.000,00, que no momento é a Proprietária via contrato com você (vocês fizeram a venda com um contrato de compra e venda e não via escritura e registro em cartório, por exemplo, sei que é ilegal apesar de bastante comum no Brasil, mas lembre que este exemplo é hipotético para que você entenda algo absurdo, mas totalmente legal e muito comum no mercado financeiro feito pelos Traders ou Gestores de Fundos de Investimentos) ela fica desesperada e lhe oferece de volta o imóvel por um preço de R$ 200.000,00. Você aceitando a devolver aproximadamente metade do valor que estava em sua conta, rasgando o contrato, pagando os aluguéis de todos os meses que o imóvel ficou com você (vamos assumir que totalizou R$ 20.000,00) e devolvendo o apartamento para o Proprietário que você alugou o apartamento, aquele que realmente possui escritura do imóvel, te resulta em um saldo remanescente na sua conta de R$ 200.000,00. Assim, você ganhou dinheiro com a desvalorização de um ativo. Desta mesma maneira acontece no mercado financeiro com um único clique. E para fins educacionais eu compartilhei uma Operação Apostando na Desvalorização do Dólar para quem fez o Curso "Trader-

Lúcido" utilizando a "Metodologia Zen", focada em montar uma estratégia em momentos de reversão de tendência do mercado.

A seguir é apresentado o estudo gráfico usando a Ciência da Análise Gráfica segundo a "Metodologia Zen". Cada barra/vela/candle representa o que aconteceu durante uma semana. A opção do uso do gráfico semanal é devido à busca por exatidão/precisão da aplicação da Análise Gráfica. Porém, aliado a isto a "Metodologia Zen" também faz uso da confirmação da candle que somente se dá quando o valor do fechamento se dá abaixo do valor da mínima do candle anterior. Assim que a Operação Apostando na Desvalorização do Dólar foi confirmada e executada na sexta-feira à tarde (22/5) (Indicado no Gráfico como Venda 2, Primeiro Candle Vermelho (baixista) no segundo dia do Curso. Em termos de valores, o inicio da Operação de Venda foi iniciada em US$ 5,60 e no momento (03/06) o valor do dólar está em US$ 5,09. Caso a Operação seja finalizada neste exato momento, haveria um ganho de US$ 0,51 em relação à US$ 5,60, o que representaria um ganho de 9,10 % em cima desta desvalorização em menos de 2 semanas.

Diego Tresinari Ph.D.

Porém, a operação será continuada seguindo a "Metodologia Zen" até que tenhamos o "setup" inverso, isto é, valor de fechamento de Candle Verde (altista) com valor acima da máxima do Candle Anterior, o que aconteceu nos casos indicados como Compra 1 e Compra 2 em Novembro e Dezembro de 2019, por exemplo. Nos informes "Investidor-Trader Lúcido" dos meses seguintes irei fazendo atualizações para que vocês vão utilizando este exemplo para seu aprendizado. Mesmo que você não tenha interesse em ser um "Trader Lúcido" e somente esteja pensando em ser um Investidor eu lhe convido a ser um "Investidor Lúcido", isto é, um Investidor que ganha dinheiro com a valorização dos ativos que compra juntamente com o ganho oriundo do provento (dividendo e Juros sobre Capital Próprio, JCP) recebido, porém que tem a lucidez de saber que quando um ativo se valoriza muito há vários Traders que estão louquinhos para ver e/ou fazer o preço cair e retirar o seu lucro.

Operação Apostando na Valorização da Criptomoeda Ethereum (em Dólar)

Outra operação que acompanhamos durante o Curso "Trader-Lúcido", porém já iniciada por um dos alunos seguindo sua própria metodologia, foi a Operação Apostando na Valorização da Criptomoeda Ethereum (em Dólar). O aluno havia iniciado alguns dias antes a compra da Criptomoeda Ethereum no valor de US$ 200,00 e durante os dias do evento (22-25/05) o seguinte gráfico foi desenhado como possibilidades probabilísticas usando a Ciência da Análise Gráfica segundo a qual eu a estudo e pratico.

Diego Tresinari Ph.D.

Durante os dias do Curso, indicado no gráfico como curso, um Candle vermelho (baixista) estava sendo desenhado, porém com valores de máxima e mínima maiores do que o Candle anterior, o que indicava a maior probabilidade de continuidade da alta. Porém, uma orientação foi dada ao aluno de colocar uma ordem automática de Stop Loss no valor de US$ 191,70 se a perda da mínima deste Candle baixista indicado fosse perdida, pois a configuração gráfica poderia estar indicando a formação de um possível Topo Duplo (indicado com linha tracejada laranja), o que poderia fazer levar a cotação desta Criptomoeda para valores próximos à US$ 100,00 (metade do valor de compra). Passado uma semana, um Candle verde (altista) com corpo grande for formado e a ordem Stop Loss não foi acionada, sendo a probabilidade da formação do Topo Duplo reduzida. E neste exato momento (03/06) estamos vendo a construção de um Candle que está verde (altista) com valor (US$ 239) acima do primeiro topo US$ 226, o que dá ainda maior probabilidade para a desconfiguração do Topo Duplo Mencionado, e por conseqüência, faz com que a outra possibilidade, isto é de formação de um pivô de alta (indicado com linha tracejada laranja) com alvo em US$ 277, seja a com maiores chances de acontecer. Entretanto, para termos a característica Zen, isto é, aumentarmos nossa tranquilidade, o uso de Stop Loss é importante mesmo quando as operações vão indo a favor do que você deseja. Assim que, eu indiquei ao aluno que atualizasse aquele Stop Loss automático não acionado em US$ 191,70 para US$ 196,70, mínima do Candle verde (altista) com corpo grande, apesar do seu pouco provável acionamento uma vez que a máxima do Candle desta semana já superou a máxima do valor deste Candle verde (altista) com corpo grande. Caso a Operação seja finalizada neste exato momento, haveria um ganho de US$ 39 em relação à US$ 200, o que representaria um ganho de 19,50 % em cima desta valorização em menos de 2 semanas.

Enfim, apesar de operação não ter sido iniciada seguindo a "Metodologia Zen" nada impede de a sua continuidade a seja, assim que irei fazendo atualizações para que vocês vão utilizando este exemplo para seu aprendizado.

Operações de Day-trading utilizando mini-contrato Win (Bovespa)

Como este informe já esta ficando grande irei abordar nos informes seguintes as 2 operações de Day-trading utilizando mini-contrato Win (Bovespa) realizada na segunda (25/05) pela manhã das 9-14h, com o pregão de negociação dos ativos aberta. Nela aplicamos a Metodologia Zen para Day-trading, usando a Análise Gráfica para geração de renda, que resultou em um ganho percentual de aproximadamente 0,3 %. A segunda operação apresentou desenho gráfico muito parecido com a última operação mencionada envolvendo a Criptomoeda Ethereum. Assim que eu recomendo que quem leu este informe que fique atento para ler os seguintes para consolidação dos conhecimentos. E quem quiser fazer mentorias financeiras individuais ou participar dos próximos cursos (temos duas opções: o "Trader Lúcido" e o "Investidor Lúcido") é só me chamar pelo WhatsApp: (19) 99805-0484 ou pelo página do Centro de Estudos Financeiros (www.facebook.com.br/centrodeestudosfinanceiros).

Bons estudos financeiros e até breve.

Diego Tresinari Ph.D.

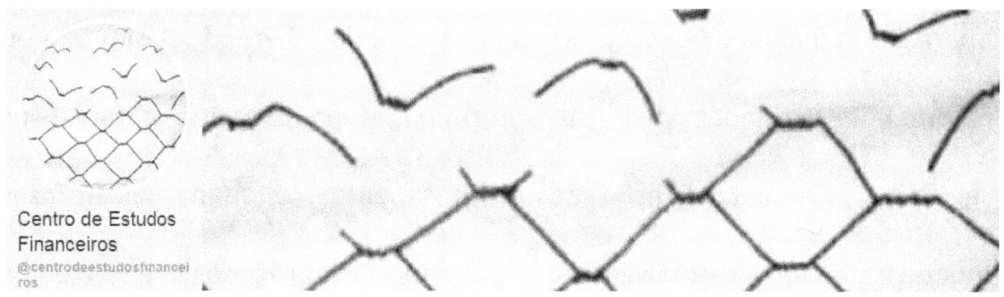

Informe "Investidor-Trader Lúcido" – Mês de Junho 2020 (Documento 2, Postado em Julho 2020 na página www.facebook.com.br/centrodeestudosfinanceiros)

Apresentação

Com o objetivo de fornecer material educacional gratuito o "Centro de Estudos Financeiros" inicia a elaboração do Informe "Investidor-Trader Lúcido". Este informe será elaborado e distribuído na página do Facebook 1 vez por mês ficando arquivado na seção Fotos https://www.facebook.com/pg/centrodeestudosfinanceiros/photos/?ref=p

age_internal para consulta. Se você deseja ser avisado imediatamente quando o Informe é postado envie uma mensagem ao WhatsApp de número: (19) 9.9805-0484 solicitando o seu cadastro na lista de transmissão de WhatsApp. Como a elaboração deste Informe é dependente do "Timing de Mercado", uma vez que a idéia é apresentar estudos práticos para contribuir com a Educação Financeira de vocês, sugiro que solicitem a sua inclusão na lista de transmissão para poder acompanhar adequadamente este material.

Definição do Conceito "Investidor-Trader Lúcido"

Antes de começar com a atualização das Operações de Trading que iniciamos no último curso on-line "Trader Lúcido" (descritas no Informe do mês passado) gostaria de comentar à vocês como vejo e defino o conceito "Investidor-Trader Lúcido". Como eu atendo pessoas que têm a vontade de tanto se tornar Investidores quanto Traders acho que vale a pena deixar bem claro a definição deste conceito, bem como a minha motivação para defini-lo assim.

Diego Tresinari Ph.D.

De maneira geral, há um buraco enorme entre o mundo dos "ditos" Investidores e os Traders. Eu mesmo comecei primeiramente investindo em Imóveis em 2008, depois em Renda Fixa e Tesouro Direto para em 2013 pela via dos "ditos" Investidores começar a investir em Renda Variável [Ações e Fundos de Investimentos Imobiliários (FIIs)]. Comecei a estudar a filosofia de "Buy and Hold", Análise Fundamentalista, etc. caindo em sites como o Bastter.com, por exemplo. Dentre das idéias pregadas pelos "Holders" (Investidores de longo prazo): "o valor que você paga pela ação de uma empresa pouco importa", "você tem que focar em receber proventos (dividendos) e não na valorização do ativo", "o preço da cotação segue o lucro que a empresa obtém", etc.

Daí que em 2013, fiz a minha fatídica primeira compra no mercado de ações. Comprei ações da Empresa Vale por 24 reais cada, pois estava com "Fundamentos" bons, dentre eles me lembro que o "Dividend Yield" (Taxa de dividendo percentual) estava e, 6,5 %. Como já mencionei a palavra fatídica você já deva supor que este meu primeiro investimento não deu tão certo assim. Resumindo, em 2016 as minhas ações estavam a um valor de aproximadamente 8 reais (Desvalorizou 65 %). Enquanto via meus investimento ruir nestes 2 anos em meio, descobri a Análise Gráfica e a estudei como um louco. Para mim, desde o início eu ficava e fico até hoje perplexo da exatidão desta Ciência. Sei que muitos não vão concordar comigo sobre isto, mas tenho certeza que o que vocês aprenderam não foi a Ciência Análise Gráfica e sim Ferramentas, Técnicas e Estratégias que usam alguns conceitos descritos na Análise Gráfica. Sabe aquele curso de 4-5 mil reais que tal Trader de Sucesso irá te passar o seu "Setup Matador"? É disso que estou falando, ele não irá te apresentar a Ciência da Análise Gráfica e sim um atalho/estratégia que ele descobriu que costuma dar certo.

De maneira análoga no Universo Científico, a qual faço parte por se Cientista, definimos, por exemplo, a Física como Ciência e as ondas Ultrassônicas (Física Aplicada) ser uma tecnologia/técnica.

A Análise Gráfica é completamente baseada na interpretação da Psicologia dos Investidores, ela não é um Ciência Exata, Numérica, Estatística como alguns pensam e ensinam. E apesar dela ter sido condensada pelo Matemático Dow em meados de 1800 no Ocidente, no oriente ela foi organizada no Japão na linguagem dos Candlesticks, muito anteriormente a esta data. Assim que provavelmente como aconteceu na História da Invenção da Agricultura, este entendimento da Psicologia dos Investidores provavelmente se deu muitíssimo anterior à esta data, mas somente após algumas pessoas com mente mais práticas e metódicas descobrirem este conhecimento, que ele foi condensado e tornado prático e aplicável como agente conhece hoje. Assim, que quem sabe a Ciência de Análise Gráfica, mesmo sem nunca estudá-la (uma vez que ela é intuitiva), assim como o Agricultor, saberá qual estação é o melhor momento de plantar. Neste caso plantar dinheiro e não sementes.

Tendo o que comentei como pano de fundo, explico a vocês que o que eu desejo é que vocês não passem pelo que eu passei no meu primeiro investimento em renda variável ao somente usar a Análise Fundamentalista. Se temos mão direita e esquerda, por quê devemos usar somente uma delas? E apesar de somente vermos mais claramente duas mãos eu lhe comento que de maneira mais sutil ainda temos (Análise de Fluxo Cambial, Análise de Bolsas e Índices Internacionais, Análise de Commodities, etc.). Assim, com o objetivo de tentar ampliar a visão fragmentada e sectária tão comum neste mundo dos investimentos (assim como acontece na vida real, política, religião, etc.) eu lhes apresento a idéia de que vocês possam ser "Investidores-Traders Lúcidos". Se você não desejar utilizar os conhecimentos que os Traders usam, por exemplo, para você ganhar dinheiro de maneira especulativa não há problema algum. Eu mesmo sou uma pessoa que me identifico mais com a mente do Investidor, porém o fato de saber como os Traders ou Gestores de Fundos de Investimentos, que usam a Análise Gráfica em sua tomada de decisão, me ajuda a não passar mais por momentos como os que passei em 2013 ao ver meus investimento ruir.

Outro exemplo, que me vêem a cabeça para elucidar melhor o meu raciocínio é sobre a minha primeira ida a São Paulo dirigindo. Eu não sabia que tinha que deixar um espaço para os motoboys passarem e quase perdi o retrovisor do meu carro. Assim que daquele dia em diante eu sempre deixo um corredor para os motoboys passarem, assim como eu o deixo também para os Traders no mercado financeiro, ao fazer meus investimentos levando em conta as ferramentas que eles usam. Assim que mesmo que você não tenha interesse em saber como montar numa moto, imagino que você não queira ter seu retrovisor quebrado ou dinheiro conquistado com suor se dissipando rapidamente.

Bons estudos financeiros e que você aproveite este Informe.

Atualização das Operações: Apostando na Desvalorização do Dólar

A seguir é apresentado o estudo gráfico usando a Ciência da Análise Gráfica segundo a "Metodologia Zen". Assim que a Operação Apostando na Desvalorização do Dólar foi confirmada e executada na sexta-feira à tarde (22/5) (Indicado no Gráfico como Venda 2, Primeiro Candle baixista) no segundo dia do Curso. Em termos de valores o inicio da Operação de Venda foi iniciada em US$ 5,60 e em (03/06) quando apresentei o informe do mês passado o valor do dólar estava em US$ 5,09 (ver gráfico abaixo apresentado no informe passado).

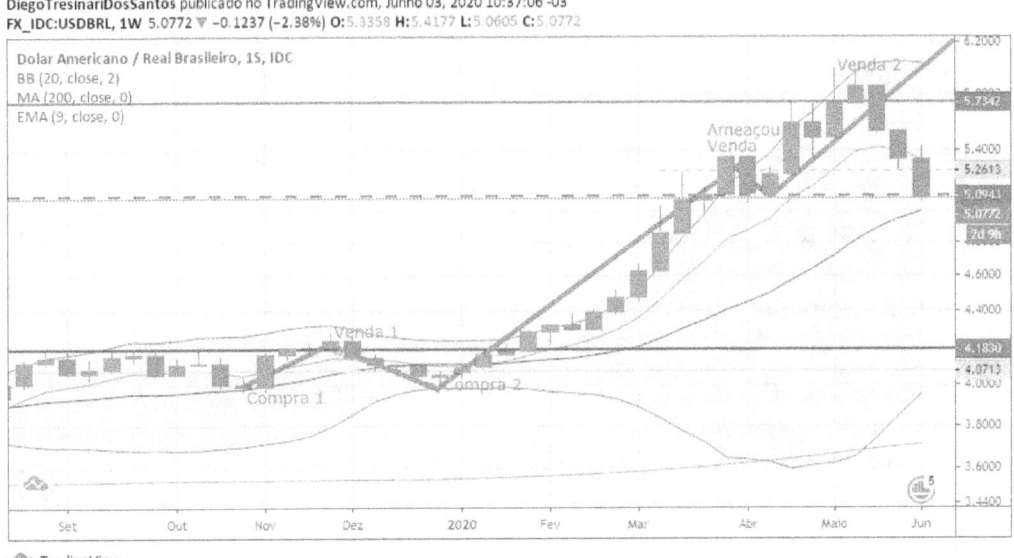

Passado 2 dias tivemos o dólar alcançando a média móvel de 20 (linha vermelha central da Banda de Bollinger) no dia 5/06 e na semana seguinte iniciada no dia 8/06 tivemos o rompimento desta média móvel, porém com fechamento semanal quase na máxima formando o que chamamos de martelo (veja gráfico abaixo). Este Candle assim como costumo enfatizar para as pessoas é muito forte e dificilmente passa batido. Porém, precisávamos esperar a sua confirmação, que segundo a "Metodologia Zen" criada por mim, somente se dá quando o valor do fechamento se dá acima do valor da máxima do candle anterior (US$ 5,10).

Diego Tresinari Ph.D.

Como o lucro da operação já estava bastante alto para o dólar (devido a sua volatilidade histórica baixa) e na média móvel de 20 há muita gente que costuma fazer compras a favor da tendência de alta, decidi por deixar uma ordem automática no Home Broker na sexta-feira às 16:00 do dia 12/06 (ordem de compra do derivativo de dólar, pois iniciei a operação fazendo ordem de venda). E logo na segunda-feira (dia 15/06) a ordem foi executada, finalizando a operação com um ganho de US$ 0,50 em relação à US$ 5,60, o que representaria um ganho de 8,90 % em cima desta desvalorização durante os dias de 22/05 a 15/06, aproximadamente 3 semanas.

Investidor-Trader Lúcido: Integrando Estratégias "Opostas" na Bolsa de Valores

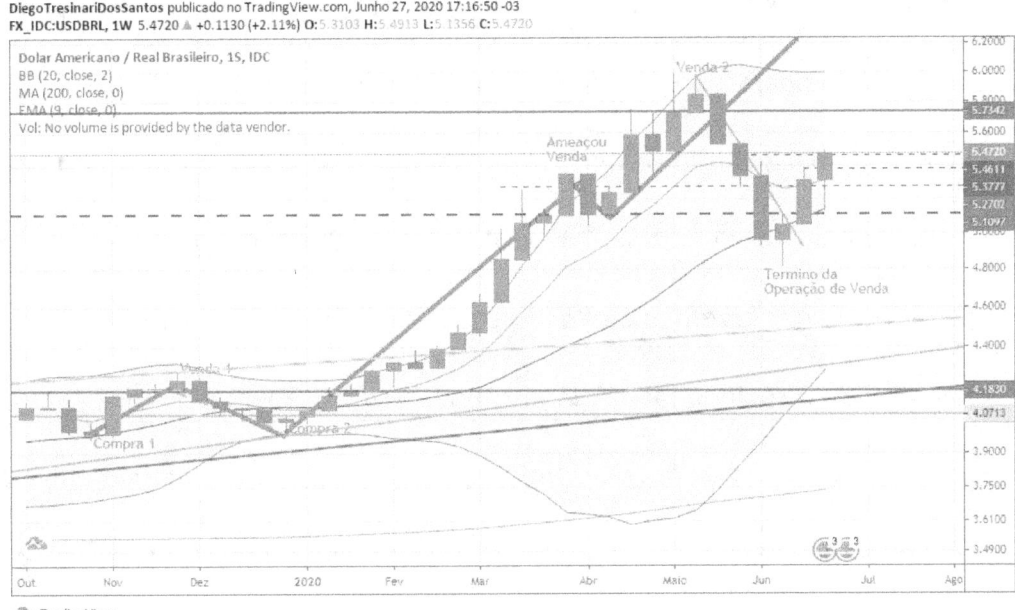

Como vocês podem, ver realmente apareceu muitos compradores posteriormente, pois realmente há uma grande parte de pessoas que usam o "Setup" de comprar em média móvel de 20 com um martelo no gráfico semanal sendo acionado. Caso eu não tivesse finalizado a operação, e tivesse mantido até o momento (26/06) eu estaria ainda com lucro, pois iniciei a minha operação de ganhar com a desvalorização do dólar à US$ 5,60 e o dólar ainda está abaixo US$ 5,47. Há pessoas que costumam finalizar uma operação e já iniciar outra em seguida, por exemplo, eu poderia ter finalizado a operação de venda como eu fiz a US$ 5,10 e já ter iniciado uma operação de compra (quando se ganha com a valorização do ativo, caso mais comum e de fácil entendimento). Caso tivesse feito isto estaria com um lucro de US$ 0,37 (5,47 – 5,10 = 0,37), o que representaria 7,2 % de lucro, porém eu não gosto desta estratégia. Eu prefiro fazer operação dentro do meu estudo holístico do mercado (que ainda demonstra que o dólar deve ter uma reversão de tendência brevemente) e sem vai para lá vai para cá (para não ficar que nem barata tonta, como eu vejo muitos Traders por aí). Assim que para os próximos informes eu talvez lhes informe que iniciei outra operação para ganhar com a desvalorização do dólar (talvez se o dólar der condições gráficas segundo à "Metodologia Zen" próximo à US$ 5,70-6 reais). Além, também penso em lhes comentar um pouco sobre os outros estudos que venho fazendo sobre o dólar dentro desta abordagem holística que mencionei. Para quem sente dificuldade em entender a idéia de ganhar dinheiro com a desvalorização de algo, lhes dou uma idéia. Como a cotação do Dólar é em relação ao Real (Dólar/Real) na verdade o que acontece quando o dólar cai é que o Real indiretamente sobe. Assim, em outras palavras eu ganhei na operação que compartilhei 8,90 % com a valorização do Real.

Atualização das Operações: Apostando na Valorização da Criptomoeda Ethereum

Outra operação que acompanhamos durante o Curso "Trader-Lúcido", porém já iniciada por um dos alunos seguindo sua própria metodologia, foi a Operação Apostando na Valorização da Criptomoeda Ethereum (em Dólar). O aluno havia iniciado alguns dias antes a compra da Criptomoeda Ethereum no valor de US$ 200,00 e durante os dias do evento (22-25/05) o seguinte gráfico foi desenhado.

Diego Tresinari Ph.D.

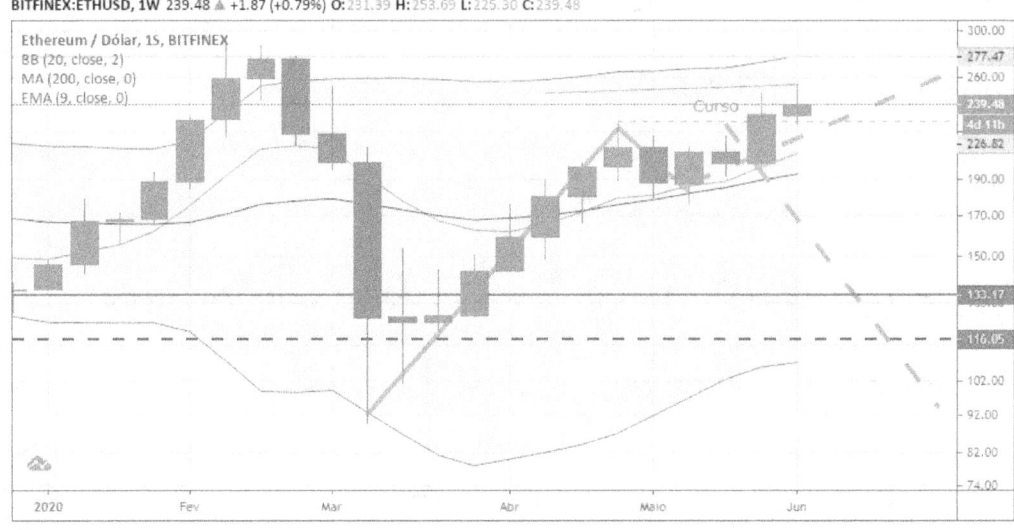

Passado 4 dias desde o último informe, tivemos o Ethereum alcançando a média móvel de 200 (linha verde, média móvel seguinte) e próximo ao fechamento do Candle semanal no dia 7 (que ocorre aos domingos 21:00) (veja gráfico abaixo) poderíamos ter atualizado a ordem automática de Stop Loss para o valor de US$ 225,30 (mínima da semana que acabou no dia 7). Esta ordem Stop além de garantir o lucro da operação que foi iniciada em US$ 200,00, ainda protege o "Investidor-Trader Lúcido" do "Setup" rompimento falso que muitos Traders usam para operar vendido (ganhando na desvalorização).

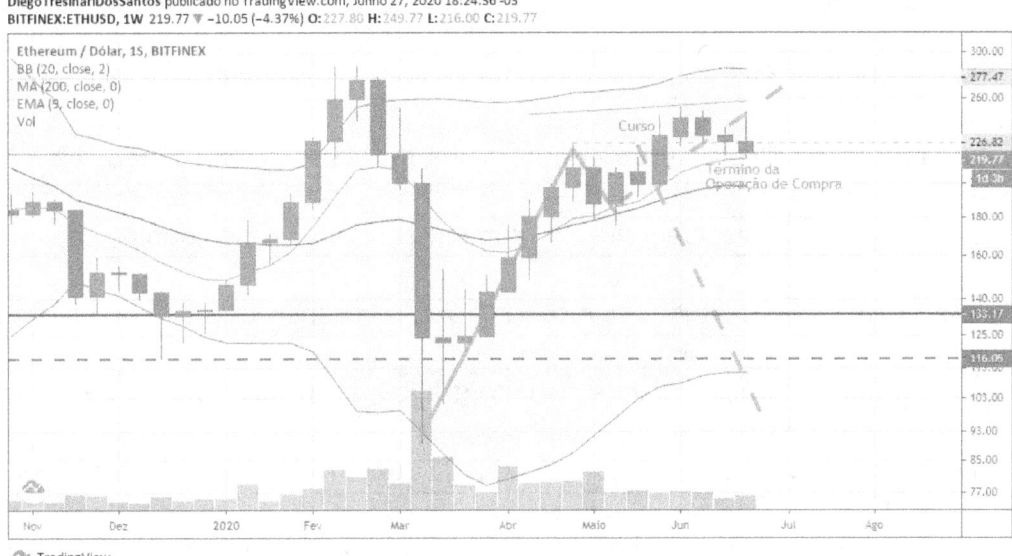

Passado uma semana no dia 14/06 poderíamos ver que o Stop foi quase acionado (pois a mínima desta semana que fechou com um Candle baixista foi US$ 225,96, porém ainda foi preservado. Porém, na semana seguinte (semana de 15-21/6) ele foi acionado resultando em um lucro de US$ 25,96 (12,98 % em aproximadamente 1 mês). Apesar de nesta semana (semana de 15-21/6) o fechamento semanal (US$ 227,80) haver sido acima do primeiro topo do possível topo duplo US$ 226, o que ainda não desconfiguraria a busca do alvo dos US$ 277 segundo a "Metodologia Zen" o uso de ordens automáticas de Stop é muito recomendado para dar tranqüilidade. Porém, já na semana seguinte (22-28/6) a que estamos no momento caso feche como está agora (26) à US$ 219,16 daí realmente teríamos o possível "Setup" de rompimento falso acontecendo, isto é, muito podem entender que o rompimento do topo duplo não foi convincente e com isto teríamos uma maior chance de ver o Ethereum caindo. Como a queda pode ser muito grande, eu preferiria ficar de fora e não correr este risco. Assim que obrigado Ordem Automática. Para eliminar esta idéia de a ordem automática as vezes se executada e não acontecer o fechamento no semanal como deveria acontecer segundo os seus planos, você pode fazer a ordem em duas etapas. Fazendo uma realização parcial dos lucro de maneira automática e a segunda de maneira manual. Neste caso teríamos, por exemplo, ganhos os 12,98 % em cima de metade do valor investido, deixando a outra metade para ser finalizada no próximo domingo (28/6) caso realmente próximo às 21:00 (fechamento da semana) o valor do Etherum esteja abaixo dos US$ 226. Caso esteja com o valor de agora (US$ 219,16) o lucro seria (9,58 %), um pouco abaixo obtido com metade do capital, porém caso dê uma euforia no mercado das criptomoedas e o fechamento se dê acima deste valor teríamos uma probabilidade de ver o Ethereum ir rumo aos US$ 277 e estaríamos posicionados pelo menos com metade do valor investido.

Se vocês quiserem que eu continue acompanhando a criptomoeda Ethereum me falem, caso não tenha ninguém interessado para os próximos informes irei somente focar no dólar, pois tenho a maioria dos alunos no momento com interesse em moedas estrangeiras. Assim que eu recomendo que quem leu este informe que fique atento para ler o seguinte para consolidação dos conhecimentos. E quem quiser fazer mentorias financeiras individuais ou participar dos próximos cursos (temos duas opções: o "Trader Lúcido" e o "Investidor Lúcido") é só me chamar pelo WhatsApp: (19) 99805-0484 ou pelo página do Centro de Estudos Financeiros (www.facebook.com.br/centrodeestudosfinanceiros).

Bons estudos financeiros e até breve.

Diego Tresinari Ph.D.

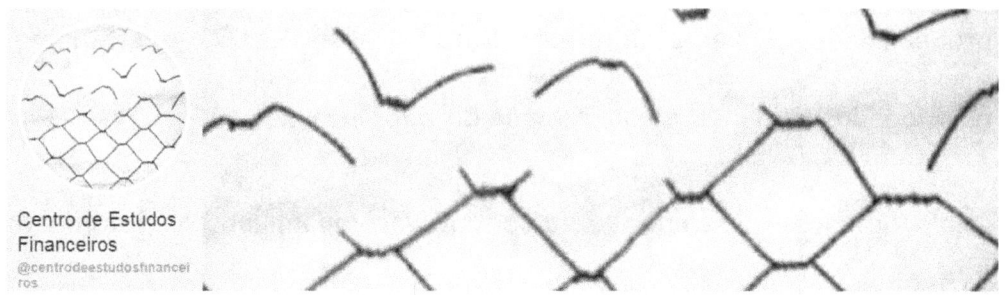

Informe "Investidor-Trader Lúcido" – Mês de Julho 2020 (Documento 3, Postado em Agosto 2020 na página www.facebook.com.br/centrodeestudosfinanceiros)

Apresentação

Com o objetivo de fornecer material educacional gratuito o "Centro de Estudos Financeiros" inicia a elaboração do Informe "Investidor-Trader Lúcido". Este informe será elaborado e distribuído na página do Facebook 1 vez por mês ficando arquivado na seção Fotos https://www.facebook.com/pg/centrodeestudosfinanceiros/photos/?ref=p

age internal para consulta. Se você deseja ser avisado imediatamente quando o Informe é postado envie uma mensagem ao WhatsApp de número: (19) 9.9805-0484 solicitando o seu cadastro na lista de transmissão de WhatsApp. Como a elaboração deste Informe é dependente do "Timing de Mercado", uma vez que a idéia é apresentar estudos práticos para contribuir com a Educação Financeira de vocês, sugiro que solicitem a sua inclusão na lista de transmissão para poder acompanhar adequadamente este material.

Mais esclarecimentos sobre o Conceito "Investidor-Trader Lúcido"

No Informe passado finalizei a definição do Conceito "Investidor-Trader Lúcido" com o exemplo metafórico de comparar os Traders do mercado financeiro com os Motoboys da cidade de São Paulo. Assim que neste Informe eu avanço um pouco mais sobre o porquê de eu ter escolhido a seqüência "Investidor-Trader Lúcido" para eu definir como eu me identifico minha atuação no mercado financeiro ao invés de "Trader-Investidor Lúcido".

Toda a minha experiência de trabalho vem de uma área em que o cargo máximo na hierarquia para se atingir era a do Professor-Pesquisador. Esta nomenclatura de Professor-Pesquisador nunca me agradou e eu via desde cedo uma incoerência enorme. Na minha opinião esta incoerência vinha do fato de desde à Iniciação Científica (nome dado a atividade de pesquisa quando você ainda esta da Graduação), passando pelo Mestrado e Doutorado nós somente desenvolvemos habilidades de Pesquisador e na seqüência Professor-Pesquisador ela está em segundo plano, uma vez que o termo se inicia com o termo Professor. Na minha cabeça este era um dos grandes motivos de a maioria das minhas aulas da Graduação em Engenharia Química não ter sido nada didáticas, pois a maioria dos meus professores tinham por anos desenvolvidos habilidades de Pesquisadores somente. Para eu que desejava seguir carreira estava até bem, mas para a maioria dos que preferiam ir para a Indústria prefeririam que a aula fosse dada ou por realmente um Professor sangue Puro ou por um profissional da Indústria que fosse compartilhar seus conhecimentos, que seguindo esta minha lógica de termos com hífen este deferia ser intitulado (Profissional da Indústria-Professor, ou algo assim).

Partindo desta elucubração eu me defino como Profissional da Pesquisa Científica como sendo Pesquisador-Professor (Orientador de alunos), apesar deste termo não ter reconhecimento entre os meus colegas e não ter espaço dentro das Universidades, e como Profissional dos Investimentos como sendo Investidor-Trader. Como na área da Pesquisa Científica eu não consigo me encaixar dentro dos sistemas burocráticos dos Acadêmicos, sempre fui considerado meio que uma "Ovelha Negra". Já no mundo dos investimentos como não há comitês ou outros grupos de burocratas, você como investidor independente pode atuar como você desejar: Trader puro, Investidor puro, Trader-Investidor, Investidor-Trader, etc... Porém, estas últimas terminologias hifenadas parecerem meio estranhas quando algumas pessoas mais fechadas que atuam no mercado financeiro a escutam. Assim que eu lhes convido a serem "Estranhos no Ninho", isto é "Investidores-Traders ou mesmo Traders-Investidores Lúcidos", porém lhes garanto que vale à pena.

Diego Tresinari Ph.D.

Bons estudos financeiros e que você aproveite este Informe.

Atualização das Operações: Apostando na Desvalorização do Dólar

A seguir é apresentado o estudo gráfico usando a Ciência da Análise Gráfica segundo a "Metodologia Zen". Cada barra/vela/candle representa o que aconteceu durante uma semana. A opção do uso do gráfico semanal é devido à busca por exatidão/precisão da aplicação da Análise Gráfica. Porém, aliado a isto a "Metodologia Zen" também faz uso da confirmação da candle que somente se dá quando o valor do fechamento se dá abaixo do valor da mínima do candle anterior. Assim que uma Operação Apostando na Desvalorização do Dólar utilizando esta metodologia já foi concluída com sucesso no mês passado (Junho) com lucro de 8,90 % e uma possível outra estava no radar para ser iniciada.

Conforme eu lhes havia mencionado no Informe passado há pessoas que costumam finalizar uma operação e já iniciar outra em seguida, por exemplo, eu poderia ter finalizado a operação de venda como eu fiz a US$ 5,10 e já ter iniciado uma operação de compra (quando se ganha com a valorização do ativo, caso mais comum e de fácil entendimento). Caso tivesse feito isto estaria com um lucro de US$ 0,37 (5,47 – 5,10 = 0,37) naquele momento em Junho (veja gráfico abaixo na data de 27 de junho) conforme descrito no Informe anterior, o que representaria 7,2 % de lucro, porém eu havia mencionado que não gosto desta estratégia. Eu prefiro fazer operação dentro do meu estudo holístico do mercado (que ainda demonstrava que o dólar deve ter uma reversão de tendência brevemente). Assim que para os próximos informes eu havia comentado que talvez fosse iniciar outra operação para ganhar com a desvalorização do dólar (talvez se o dólar der condições gráficas segundo à "Metodologia Zen" próximo à US$ 5,70-6 reais).

Porém, o destino quis que outra coisa acontecesse. Rssrsrs. Apesar do estudo principal de continuidade da tendência de desvalorização do dólar ter se demonstrada acertada. Obviamente isto se deveu ao estudo mais holístico que faço, que envolve o estudo da cotação do dólar em relação à outras moedas estrangeiras e análise de fluxo cambial. Assim que como apesar de o dólar não ter voltado para valores próximos à US$ 5,70-6 reais, eu fiz um novo início de operação de venda no dólar ao valor de US$ 5,23, pois acredito que o dólar deva continuar caindo nas próximas semanas. Novamente vocês verão que eu sou bastante seletivo em minhas estratégias, apesar de a "Metodologia Zen", que eu lhes estou ensinando se for seguida de maneira mais Robótica "Metodologia Zen Roots", sem tantos questionamentos também se demonstrar altamente efetiva.

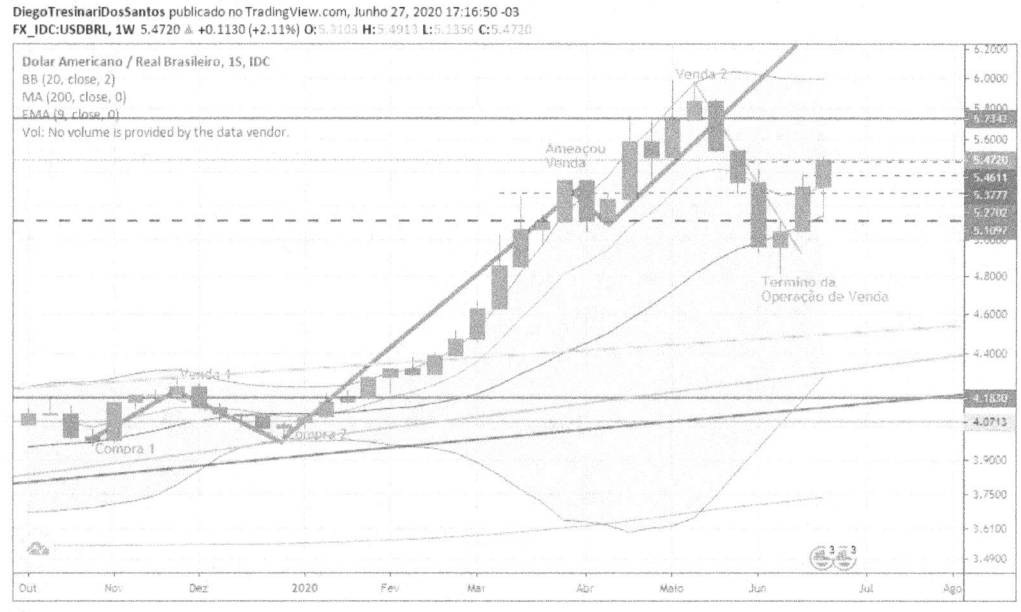

Por exemplo, para alguém que a aplicou na curta valorização do dólar (repique) que eu lhes havia mencionado que teria comprado o dólar a US$ 5,10 (Compra 3) (Veja gráfico abaixo) e teria vendido-o à US$ 5,23 (Venda 3) e iniciado uma Operação de Venda de período mais longo conosco, pois na "Metodologia Zen" a confirmação do candle somente se dá quando o valor do fechamento se dá abaixo do valor da mínima do candle anterior, o que somente aconteceu na sexta-feira dia 24 de Julho (semana que iniciou dia 20 Julho).

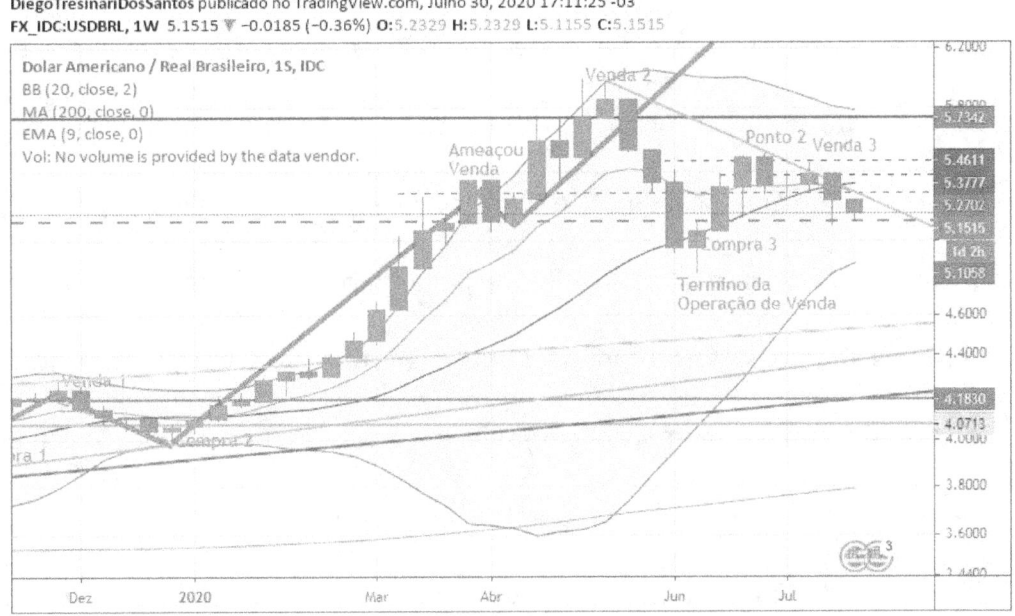

Diego Tresinari Ph.D.

Vocês podem reparar que no dia 27 de Junho (data em que fiz o último Informe) o valor do dólar estava a US$ 5,47 e você pode estar pensado: "O certo deveria ter vendido a este valor e não a US$ 5,23 como a "Metodologia Zen" indicou". Assim que o lucro por dólar deveria ter sido de US$ 0,37 (5,47 – 5,10 = 0,37) e não de US$ 0,23 (5,23 – 5,10 = 0,23). E se você pensou isto fico muito feliz. E aproveito esta energia questionadora que surgiu em você para convertê-la em energia de aprendizado. Apesar de eu haver me focado estes 3 primeiros informes mais nos Candles (isto é na técnica de Candlestick), perda de mínima em fechamento do Candle anterior (Início Operação Short/de venda), rompimento de máxima de Candle anterior com ordem automática no Home Broker com Stop (Finalização de Operação Short e Inicio de Operação Long/de compra para quem gosta de virar a mão rápido e pegar movimentos mais curtos em possíveis repiques, formação de Candle Martelo ou Martelo Invertido), lembro que eu também uso como ferramentas as Bandas de Bollinger [desenhadas nos gráficos com sombra azul, contendo uma média móvel aritmética de 20 períodos do meio, linha vermelha e indicada como BB(20,close, 2) no canto alto na esquerda dos gráficos], além de 2 outras médias móveis: a exponencial de 9 em azul claro [indicada como EMA(9,close, 0) no canto alto na esquerda dos gráficos], e a aritmética de 200 [indicada como MA(200,close, 0) no canto alto na esquerda dos gráficos], além das retas de tendência que eu vou traçando (No final do livro há um Tutorial de como inserir tais ferramentas gráficas). Para o período que estamos fazendo estes nossos estudos você pode reparar que eu sempre utilizei uma linha de cor laranja em sentido decrescente (pois estamos sempre falando de expectativas de desvalorização/queda do dólar).

Quanto a média móvel de 20 que vem automaticamente ao inserirmos a ferramenta Bandas de Bollinger em qualquer plataforma que fornece os valores das cotações de ativos (eu uso a gratuita da TradingView https://br.tradingview.com) eu já havia mencionado que devido ao toque nela que surgiram compradores no dólar na região do dólar à US$ 5,10, depois de uma queda brusca desde os quase US$ 6 é que fez ele alcançar os patamares de até US$ 5,47-5,50. Porém, o porquê ele chegou a estes valores e caiu, isto realmente é e sempre será uma incógnita. Tem um

Matemático Italiano que desenvolveu uma linhas que chama retração de Fibonacci. Na verdade ele viveu os anos de 1200, um tempinho atrás aí, e desenvolveu uma seqüência que recebeu o seu sobrenome como nome, mas posteriormente ao ser aplicada à Teoria da Análise Gráfica do comportamento dos valores de ativos recebeu este nome. Segundo esta Retração ele atingiu aproximadamente a retração de 50 % e cedeu, isto é, da queda brusca que lhe comentei de US$ 6 a até US$ 4,80 (valor da mínima do Candle que possuiu como máxima os US$ 5,10 (Candle em formato de Martelo, próximo aos termos "Término da Operação de Venda" e "Compra 3" no gráfico) temos uma diferença de US$ 1,20 e considerando que 50% deste valor seria US$ 0,60 (50% X US$ 1,20) ao somarmos US$ 0,60 a US$ 4,80 (mínima do Candle Martelo) temos o valor de US$ 5,40. Assim que US$ 5,40 seria aonde ele sentiu esta linha imaginária ou como alguns de meus alunos tem dito sentiu a linha mágica.

Contudo, eu particularmente prefiro usar as linhas mágicas mais flexíveis que lhes havia mencionado, Médias Móveis, que já demonstram a sua flexibilidade no seu próprio nome (Móveis) e as retas que eu mesmo vou traçando em laranja unindo os pontos de topos no caso de retas decrescentes como as que eu fiz nos dois gráficos mostrados neste informe para o dólar, por exemplo. Mais especificamente, você pode ver que no gráfico que extraí do Tradinview hoje (30 de julho) a reta laranja decrescente foi elaborada pela união de dois pontos: o primeiro com dólar a U$ 6 (ponto próximo a indicação no gráfico Venda 2) e o segundo com dólar a U$ 5,50 (indicado no gráfico como Ponto 2). Assim que a Venda 3 indicada do gráfico que me animou a iniciar a segunda Operação Apostando na Desvalorização do Dólar, que compartilho com vocês, se deveu em grande parte a demonstração de que esta reta mágica que eu tracei segurou a cotação do dólar e o fez cair bruscamente para valores abaixo da média móvel de 20 períodos na semana passada. Para esta semana, temos uma continuidade da queda (último Candle vermelho baixista) e caso venhamos a finalizar esta operação neste momento teríamos um pequeno lucro uma vez que a cotação neste momento (Quinta-feira dia 30 de Julho às 17:20) está em US$ 5,15 e o preço de entrada meu está em US$ 5,23. Assim, que esta desvalorização de US$ 5,23 para US$ 5,15 resultaria em um lucro de US$ 0,08 por cada dólar (5,23 -

5,15), o que representaria um lucro de 1,53 % (0,08/5,23 * 100) em uma semana uma vez que a operação foi iniciada no dia 24 de Julho.

Abaixo vocês podem ver uma publicação que fiz na página do Facebook no dia 21 de Julho que indicava que eu estava de olho para iniciar a segunda Operação de Apostando na Desvalorização do Dólar possivelmente no dia 24, 3 dias depois.

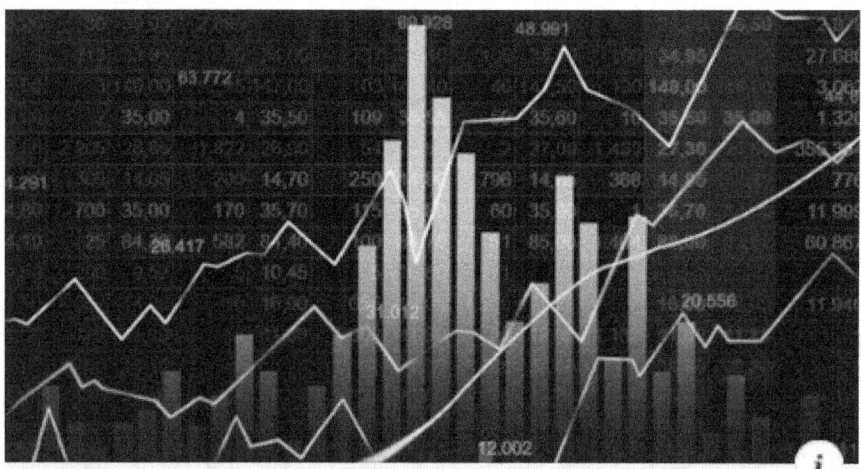

Como dia 21 de Julho era uma terça-feira e vocês sabem que eu somente inicio ou finalizo as minhas operações às 16-17 horas (próximo ao horário de fechamento) nas sextas-feiras, devido à maior precisão dos Candles semanais em relação aos diários para os Estudos Gráficos, no dia 21 à noite eu somente li a matéria no site Infomoney (www.infomoney.com.br), que compartilhei com vocês e passei os 3 dias sem fazer nada somente esperando para entrar no Home Broker da minha corretora para executar a Ordem de Venda a Descoberto mencionada. De maneira geral, o tempo que me leva para executar a "Metodologia Zen" que eu lhe venho apresentando é somente no máximo 1 h às sextas à tarde por semana. Qualquer tempo maior do que isto pela minha experiência é extremamente prejudicial, pois você pode entrar na idéia de tentar usar à Ciência da Análise Gráfica para os períodos diários, o que se demonstrará com uma eficiência muito baixa, além de te gerar um estresse desnecessário. Parece até mentira o que eu lhes estou lhe dizendo, 4 horas no mês e só, para conseguir estes ganhos que você vem compartilhando de 8,9 % em 3 semanas em Operação de Venda no dólar, 12,98 % em aproximadamente 1 mês com Valorização da Criptomoeda Ethereum e uma média de 37 % em valorização de ações e Fundos Imobiliários em 5 meses (apresentado no livro "Ações com Lucidez: a Saga de um Investidor Iniciante na Bolsa de Valores", https://www.amazon.com.br/dp/B08C8ZZFNC/ref=cm_sw_r_wa_awdo_t1_wJNaFbKYRG0KM , baseado em postagens similares a deste informe no ano de 2019). Mas é verdade. Se eu escutasse isto de qualquer outra pessoa eu iria ficar extremamente desconfiado como você que esteja pegando este Informe pela primeira vez.

Resumindo, então, se você traçar uma reta decrescente como esta Laranja minha e colocar o indicador Bandas de Bollinger com uma média móvel de 20 ou somente uma média móvel de 20 sozinha enquanto as cotações estiverem abaixo de ambas, o que esta acontecendo neste Candle baixista último desta semana, que se iniciou dia 27 e finalizará amanhã 31/07, temos que o caminho mais provável da cotação do dólar é a continuidade de sua desvalorização, aumentando assim o lucro de quem está "Vendido" como eu estou neste momento. Espero que vocês venham de grão em grão aumento a sua Educação Financeira e vamos ver se o dólar chega novamente próximo à 4,80 reais como eu mencionei na postagem no

Facebook. Assim que eu recomendo que quem leu este informe que fique atento para ler o seguinte para consolidação dos conhecimentos. E quem quiser fazer mentorias financeiras individuais ou participar dos próximos cursos (temos duas opções: o "Trader Lúcido" e o "Investidor Lúcido") é só me chamar pelo WhatsApp: (19) 99805-0484 ou pelo página do Centro de Estudos Financeiros (www.facebook.com.br/centrodeestudosfinanceiros).

Bons estudos financeiros e até breve.

Diego Tresinari Ph.D.

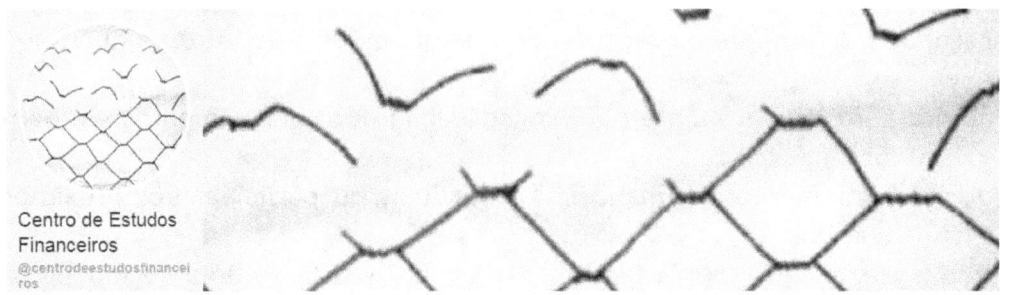

Informe "Investidor-Trader Lúcido" – Mês de Agosto 2020 (Documento 4, Postado em Setembro 2020 na página www.facebook.com.br/centrodeestudosfinanceiros)

Apresentação

Com o objetivo de fornecer material educacional gratuito o "Centro de Estudos Financeiros" inicia a elaboração do Informe "Investidor-Trader Lúcido". Este informe será elaborado e distribuído na página do Facebook 1 vez por mês ficando arquivado na seção Fotos

https://www.facebook.com/pg/centrodeestudosfinanceiros/photos/?ref=page_internal para consulta. Se você deseja ser avisado imediatamente quando o Informe é postado envie uma mensagem ao WhatsApp de número: (19) 9.9805-0484 solicitando o seu cadastro na lista de transmissão de WhatsApp. Como a elaboração deste Informe é dependente do "Timing de Mercado", uma vez que a idéia é apresentar estudos práticos para contribuir com a Educação Financeira de vocês, sugiro que solicitem a sua inclusão na lista de transmissão para poder acompanhar adequadamente este material. Ano passado realizei outra atividade educacional gratuita em que a intitulei de "Ações com Lucidez".

Outras Técnicas do "Investidor-Trader Lúcido": Análise Fundamentalista (P/VP e DY)

No Informe passado dei mais esclarecimentos sobre como defino a maneira que venho Investindo no Mercado Financeiro desde 2013, isto é, como "Investidor-Trader Lúcido". Já neste informe irei abordar um pouco sobre outras Técnicas que uso.

A técnica da Análise Gráfica realmente eu a julgo como a mais importante de todas, e por isto a enfatizo tanto, assim como a "Metodologia Zen", metodologia baseada no uso da Análise Gráfica, desenvolvida por mim, a qual me possibilita não ter que ficar acompanhando o mercado diariamente. Porém a técnica da Análise Fundamentalista me dá um norte sobre o que estou investindo. A Análise Fundamentalista nada mais é do que uma Ciência que apresenta em números a saúde de uma empresa. De maneira análoga, seria como você ter em mãos resultados de pressão arterial, temperatura corporal, exame físico, de sangue, de urina, de fezes, etc. de seu corpo.

Obviamente, há como você fazer um exame completo ou simplificado, e sobre este último que irei falar no momento. Há dois parâmetros simples, que tenho certeza que todos irão entender facilmente, que seria como medirmos a nossa temperatura e avaliarmos nosso estado físico em casa. Apesar de "caseiros" estes dois parâmetros em mais de 90%

das vezes consegue nos indicar se estamos doentes ou não. De maneira similar, o parâmetro "Dividend Yield, DY (Rendimento em dividendo percentual)" já nos dá um indicador de se a empresa está saudável financeiramente, pois caso ela não esteja dando lucro não temos dividendo para receber (em raras exceções há empresas que tiram dinheiro guardado para pagar dividendos, mas o mais comum é somente distribuir seus lucros na forma de dividendos quando lucro está sendo obtido). Enquanto que o parâmetro fundamentalista "valor patrimonial por ação/cota" nos indica se o valor que um determinado ativo (ação de empresa ou cota de fundo imobiliário, que ganha dinheiro alugando imóveis) está "barato" ou "caro". Como "barato" em Análise Fundamentalista entende-se que determinado ativo esteja sendo cotado abaixo do seu valor patrimonial por ação/cota, seria como você comprasse algo em promoção; que você sabe que determinado item vale 100, mas está sendo vendido por 80, isto é com 20 % de desconto.

Assim, que a seguir iremos primeiramente falar sobre a Operação em andamento: Apostando na Desvalorização do Dólar (e agora você consegue entender porque o título é Operação e não Investimento, pois somente consideramos Investimento algo tenha Fundamentos, isto é, a Análise Fundamentalista possa ser empregada, como o dólar, euro, ouro e criptomoedas somente podemos dolarizar, eurorizar nosso dinheiro, nunca conseguiremos ter dividendos dele, assim que não podemos considerá-los Investimentos. E a seguir irei compartilhar com vocês o inicio de dois Investimentos que fiz que utilizei a Análise Fundamentalista simplificada como mencionei aliada aos Estudos Gráficos.

Bons estudos financeiros e que você aproveite este Informe.

Atualização das Operações: Apostando na Desvalorização do Dólar

Recapitulando, temos uma Operação Apostando na Desvalorização do Dólar utilizando a "Metodologia Zen" que já foi concluída com sucesso no mês passado (Junho) com lucro de 8,90 % e outra está atualmente em curso.

A Operação de venda (short) havia sido iniciada no dia 24 de Julho com o preço de entrada em US$ 5,23 e no dia 30 (uma quinta-feira) o dólar estava em US$ 5,15 [dando lucro de US$ 0,08 por cada dólar (5,23 - 5,15), o que representaria um lucro de 1,53 % (0,08/5,23 * 100] e o seguinte gráfico estava sendo formado.

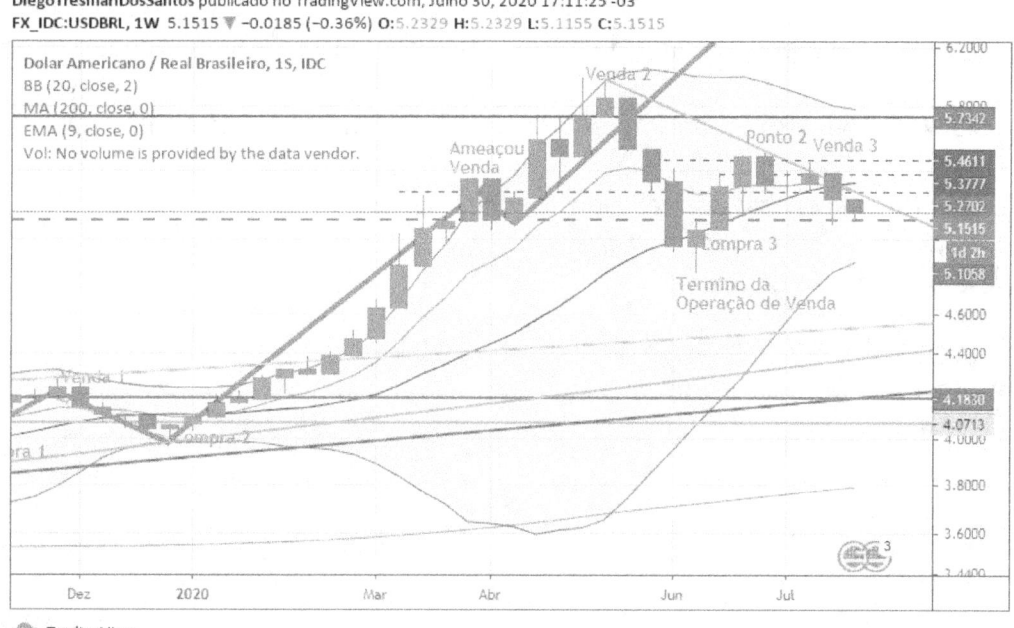

Conforme eu havia mencionado, como eu fiz o informe numa quinta-feira ainda teríamos que esperar até as 17 h do dia seguinte (31 de Julho) para atualização das ordens automáticas no Home Broker de Stop

Loss. Assim que no dia seguinte o Candle desta semana que finalizou no dia 31 de Julho sofreu uma grande mudança e a ordem de Stop Loss com compra na máxima dele em US$ 5,23 foi inserida no Home Broker. A ordem foi inserida no dia 31 de Julho com vencimento em 7 de Agosto (prazo de 1 semana, pois somente iria abrir o meu Home Broker no dia 7 de Agosto) e caso acionada a Operação seria finalizada sem lucro, uma vez que a Operação de Venda havia sido iniciada também em US$ 5,23. Assim que no dia 7 de Agosto ao abrir meu Home Broker vi que a ordem havia sido executada e eu havia finalizado a minha segunda Operação Apostando na Desvalorização do Dólar.

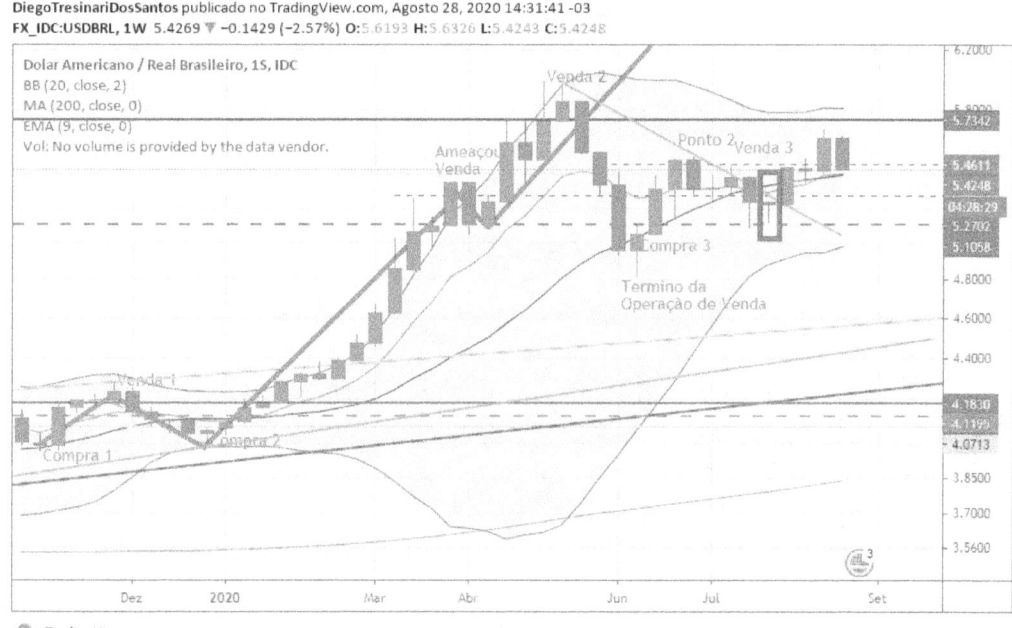

Quem vem acompanhando os informes anteriores espero que tenham entendido a minha ênfase quando mencionei que o Candle "sofreu uma grande mudança" neste 1 dia (de quinta para sexta). A seguir apresento os dois Candles (como estava até quinta-feira dia 30 na esquerda e como fechou na sexta-feira dia 31 na direita).

Diego Tresinari Ph.D.

Como já mencionado anteriormente, a formação de Candle semanal tipo martelo (o da direita) com valor de fechamento na semana próximo a máxima, segundo a "Metodologia Zen" (minha interpretação da Ciência da Análise Gráfica) é o primeiro sinal de inicio de uma seqüência de semanas seguintes em alta. E similarmente ao que aconteceu no momento indicado no Gráfico como Compra 3 tivemos o rompimento da linha de tendência de baixa em laranja traçada, rompimento das médias móveis de 9 e 20 com 3 Candles altistas, sendo que no momento (sexta, 28 de Agosto) o dólar está sendo cotado há 5,42 reais. Assim, que caso eu não houvesse finalizado minha Operação estaria tendo um prejuízo de 0,19 reais por cada dólar (5,42–5,23), isto é 3,63 % do capital investido (0,19/5,23*100). E você que vem lendo os informes pode estar me perguntando, mas por quê você não virou a mão, isto é finalizou a operação de venda e abriu uma de compra para pegar este lucro de 3,63 %. Novamente, explico que para mim eu prefiro ficar em Operações ou Investimentos por períodos mais longos, por meses, assim que como o dólar está muito esticado, isto é vem subindo muito rápido em pouco tempo e pode estar desenhando uma Figura Gráfica de Topo Duplo na região de 5,70 reais, eu prefiro selecionar as minhas Operações no sentido contrário do movimento anterior ("Estratégia contra manada").

E será que o dólar está formando um martelo invertido esta semana com este Candle baixista com fechamento próximo a mínima da semana (o inverso do Candle Martelo)? Será? Ninguém sabe. Ninguém tem bola de cristal e a Análise Gráfica apesar de ter um "quê" de ferramenta preditiva, não deve ser interpretada assim. Ora você valoriza tanto ela e fala que funciona e agora dá para trás? Exatamente isto, um dos grandes problemas de pessoas que saíram do mercado financeiro "quebradas" com prejuízos é a tal certeza. E muito desta certeza vem do uso de ferramentas como a Análise Gráfica e Análise Fundamentalista. Assim que, para vocês que me acompanham, eu lhes garanto que ninguém pode garantir nada, mas,

Diego Tresinari Ph.D.

porém, contudo, todavia ao olharmos o gráfico do Euro abaixo vemos uma possível formação de topo duplo no Euro (que ainda precisa ser confirmada na semana seguinte), o que indica que a moeda Brasileira deve se valorizar frente às outras moedas internacionais.

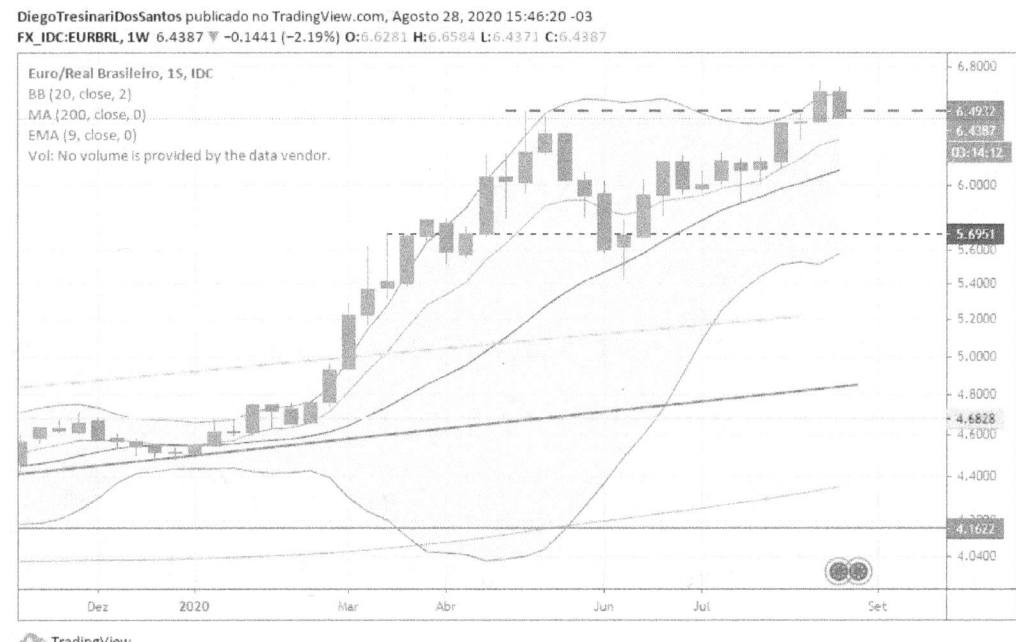

E ao olharmos o Índice DXY (índice que compara o dólar em relação às moedas Euro, Franco Suíço, Coroa Sueca, Yuan Chinês, etc.) vemos que temos mais espaço para quedas do dólar em relação a outras moedas do mundo, o que também pode incluir o Real Brasileiro.

Será que logo nós Brasileiros podemos começar a voltar a fazer planos para viajar para Exterior? Segundo a bola de cristal do Banco Central (Boletim Focus de 21 de Agosto, abaixo) no dia 31 de Dezembro teremos Dólar a 5,20 reais, isto é, abaixo dos 5,42 reais que está no momento.

Diego Tresinari Ph.D.

Assim que, devemos sair correndo e vendendo dólar no mercado futuro ou comprando um fundo short de dólar? Isto eu não posso recomendar por não ter certificação de Analista de Mercado e nem bola de Cristal como parecem que todos estes Experts do mercado financeiro têm, porém pela minha humilde experiência como "Investidor-Trader Lúcido" eu lhes informo que deve ter muita gente olhando com bons olhos o inicio de uma Operação de desvalorização tanto do Euro como do Dólar, similarmente às que eu venho lhes compatilhando para a Educação Financeira de vocês. Pode ser que não aconteça? Lógico que pode. Porém, que a relação Risco/Benefício para Trading realmente está atrativa isto eu não posso lhes negar. E se me perguntarem o que eu nunca faria. Daí estaria comprar dólar ou euro nestes valores. Se eu precisasse ir para o exterior nas próximas semanas ou meses eu iria deixando para o máximo de tempo possível trocar o dinheiro e fazer os gastos, e sempre que possível iria ir somente sacando do Brasil os reais para serem convertidos à moeda estrangeira no momento do gasto no caso de passar alguns meses no exterior.

Iniciando o Investimento: Cotas do Fundo Imobiliário HGRE11

Mudando de tema a seguir irei compartilhar o inicio de um Investimento que fiz em cotas do Fundo Imobiliário HGRE11. Na sexta-feira dia 14 de Agosto, duas semanas atrás comprei manualmente pelo Home Broker (sem usar ordem automáticas) cotas do Fundo Imobiliário HGRE11, pois elas estavam sendo cotadas abaixo do seu valor patrimonial por cota (R$ 163,46) e estavam dando um dividend yield mensal estimado de 0,44 % (veja abaixo), o que representa uma rentabilidade anual líquida de 5,41 %, pois os proventos de Fundos Imobiliários são isentos de imposto de renda.

Levando-se em conta que no momento (28 de Agosto) temos uma taxa de selic (CDI) de 2 % ao ano, a rentabilidade estimada deste ativo no momento da compra estava em 270% o CDI.

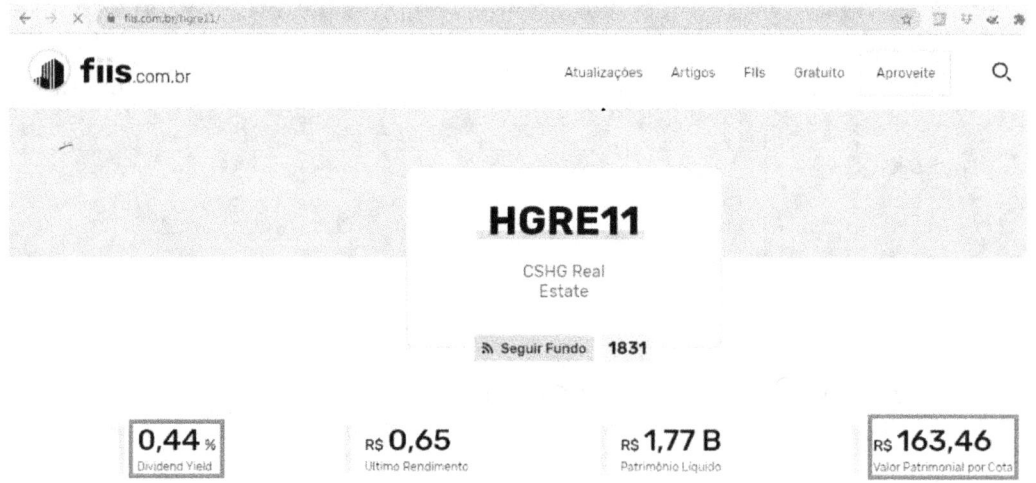

Adicionalmente, a estas cotas deste fundo imobiliário, que possui principalmente imóveis comerciais para locação na Cidade de São Paulo, estarem com estes parâmetros fundamentalistas atraentes para mim, segundo a minha metodologia ("Metodologia Zen") de Análise Gráfica próximo ao fechamento semanal no dia 14 de Agosto (sexta-feira) tinha-se por primeira vez um valor de fechamento acima da máxima do Candle anterior 140 reais depois de uma seqüências de várias semanas em queda (quedas iniciadas em 152,51 reais).

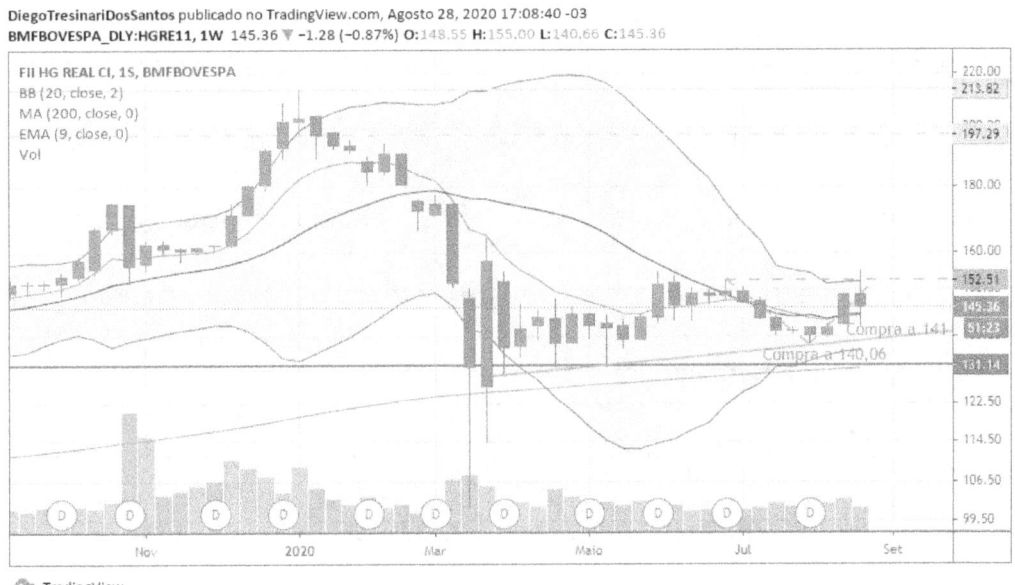

Assim que fiz a minha primeira compra ao preço de 140,06 reais. Como o valor 140,06 reais estava muito próximo ao valor de 140 reais, máxima do Candle anterior, não senti muita firmeza no fluxo de compradores deste ativo e optei por não comprar toda a quantidade que gostaria de investir neste primeiro momento, executando a estratégia de compras parceladas. Para a segunda e última compra optei pelo uso de ordem automática no meu Home Broker, com gatinho em 140,08, isto é, se na semana seguinte o valor da cotação desde ativo passasse da máxima da semana anterior, que fiz a primeira compra (140,06), a minha ordem com valor de 145 reais entraria para negociação. Assim que após 1 semana, na sexta-feira à tarde do dia 21 de Agosto vi que a minha ordem foi negociada ao valor de 141 reais. Mas por quê o valor não foi 145 reais sendo que era o valor que você havia colocado? Porque, no mercado financeiro o valor que você coloca é somente o valor da sua ordem de compra, como havia pessoas que queriam vender a 141 reais, elas "aceitaram" a minha oferta e meu preço médio ficou em R$ 140,53 [(140,06+141)/2], mas o valor final fica o valor que a pessoa desejou vender. Assim, que eu costumo colocar a minha ordem com valor acima, no caso foi 5 reais acima para que eu tenha mais chances que a minha ordem automática seja executada. Como no momento a cotação está em R$ 145,40 (28 de Agosto) estou com um lucro de R$ 4,87 por cada cota, 3,46 % (4,87/140,53*100).

Iniciando o Investimento: Ações da Empresa Banco do Brasil (BBAS3)

Seguindo a mesma abordagem anterior iniciei um investimento em Ações da Empresa Banco do Brasil (BBAS3). Hoje, sexta-feira dia 28 de Agosto, comprei manualmente pelo Home Broker (sem usar ordem automática) ações de BBAS3, pois elas estavam sendo cotadas abaixo do seu Valor Patrimonial por Ação (VPA) (R$ 36,65) e estavam dando um dividend yield anual estimado de 5,6 % (veja abaixo), o que representa uma rentabilidade anual líquida, após tributação. Levando-se em conta que no momento temos uma taxa de selic (CDI) de 2 % ao ano, a rentabilidade no momento da compra estava em 280% o CDI.

Adicionalmente, a estas ações desta empresa estarem com estes parâmetros fundamentalistas atraentes para mim, segundo a minha metodologia ("Metodologia Zen") de Análise Gráfica próximo ao fechamento semanal no dia 28 de Agosto (sexta-feita) tinha-se por primeira vez um valor de fechamento acima da máxima do Candle anterior 32,90 reais depois de uma seqüências de várias semanas em queda.

Assim que fiz a minha compra ao preço de 33,39 reais. Como o valor 33,39 reais estava muito próximo acima do valor de 32,90 reais, máxima do Candle anterior, senti firmeza no fluxo de compradores deste ativo e optei por comprar toda a quantidade que gostaria de investir neste primeiro momento. Além, temos a cotação acima das médias móveis de 9 e 20, o que indica que o ativo está em uma tendência natural de alta tendo como resistência somente a média móvel de 200 (em verde, média móvel seguinte).

Diego Tresinari Ph.D.

Espero que vocês venham de grão em grão aumentando a sua Educação Financeira e vamos ver se os investimentos que iniciei vão se valorizar até o próximo informe ou não. Assim que eu recomendo que quem leu este informe que fique atento para ler o seguinte para consolidação dos conhecimentos. E quem quiser fazer mentorias financeiras individuais ou participar dos próximos cursos (temos duas opções: o "Trader Lúcido" e o "Investidor Lúcido") é só me chamar pelo WhatsApp: (19) 99805-0484 ou pelo página do Centro de Estudos Financeiros (www.facebook.com.br/centrodeestudosfinanceiros).

Bons estudos financeiros e até breve.

Investidor-Trader Lúcido: Integrando Estratégias "Opostas" na Bolsa de Valores

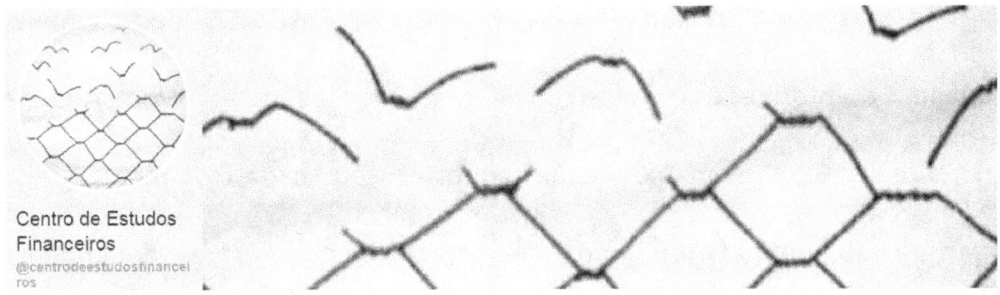

Informe "Investidor-Trader Lúcido" – Mês de Setembro 2020 (Documento 5, Postado em Outubro 2020 na página www.facebook.com.br/centrodeestudosfinanceiros)

Apresentação

Com o objetivo de fornecer material educacional gratuito o "Centro de Estudos Financeiros" inicia a elaboração do Informe "Investidor-Trader Lúcido". Este informe será elaborado e distribuído na página do Facebook 1 vez por mês ficando arquivado na seção Fotos https://www.facebook.com/pg/centrodeestudosfinanceiros/photos/?ref=p

age internal para consulta. Se você deseja ser avisado imediatamente quando o Informe é postado envie uma mensagem ao WhatsApp de número: (19) 9.9805-0484 solicitando o seu cadastro na lista de transmissão de WhatsApp. Como a elaboração deste Informe é dependente do "Timing de Mercado", uma vez que a idéia é apresentar estudos práticos para contribuir com a Educação Financeira de vocês, sugiro que solicitem a sua inclusão na lista de transmissão para poder acompanhar adequadamente este material.

Outras Técnicas do "Investidor-Trader Lúcido": Análise Fundamentalista (ROE)

No Informe passado apresentei um estudo prático do uso da Análise Fundamentalista de Ativos (Empresas e Fundo Imobiliários) de maneira simplificada aliada aos Estudos Gráficos, que já havíamos vindo fazendo rotineiramente. Já neste informe irei me abordar um pouco mais sobre outros indicadores financeiros da Análise Fundamentalista (ROE) para comparar Empresas de um mesmo setor de atuação e adicionarei, mais um ativo à nossa carteira de estudos que já contém HGRE11 (Fundo Imobiliário) e BBAS3 (Banco do Brasil). A escolha do setor bancário se dá, uma vez que estou atendendo à diferentes pessoas que estão interessadas neste setor e assim, a leitura deste informe pode ser complementar ou reforçar o que abordamos durante às mentorias.

O ROE (Return On Equity), significa retorno sobre o Patrimônio Líquido. De maneira simplificada este indicador nos dá a rentabilidade que o negócio da empresa está dando. Para se calcular o ROE, pegamos o Lucro Líquido e dividimos sobre o Patrimônio Líquido. Assim que quanto maior este indicador melhor.

Bons estudos financeiros e que você aproveite este Informe.

Iniciando o Investimento: Ações da Empresa do Setor Bancário Santander (SANB11)

Diego Tresinari Ph.D.

Pelo título vocês já descobriram qual Empresa do Setor Bancário passou no crivo do ROE, né? Exatamente, Banco Santander. Ao comparar os 4 maiores Bancos do Brasil (Bradesco, Itaú, Banco do Brasil e Santander, nesta ordem seguindo o seu Patrimônio Líquido), verificamos que o seu ROE está na casa de 17,5 %, enquanto que os outros estão entre 13-15,5%, isto é, no momento é o banco grande que está obtendo maior lucro em relação ao capital investido. Ao compararmos este 17,5 % ao nosso retorno que estamos tendo em CDBs, Fundos DIs, LCIs, atrelados à taxa Selic (pós-fixados) que temos hoje de 2 %, ficamos com uma vontade enorme de fazer a migração do investimento, não é? Porém, vamos aplicar a metodologia completa para sermos um Investidor-Trader o mais lúcido possível. Assim que, vamos comparar o indicador fundamentalista P/VP que usamos no mês passado para escolher comprar ações do Banco do Brasil.

	Resultado da busca															
	Papel	Cotação	P/L	P/VP	PSR	Div.Yield	P/Ativo	P/Cap.Giro	P/EBIT	P/Ativ Circ.Liq	EV/EBIT	EV/EBITDA	Mrg Ebit	Mrg. Líq.	Liq. Corr.	ROIC	ROE	Liq.2meses	Patrim. Líq
Bradesco	BBDC4	14,50	9,82	1,20	0,000	3,87%	0,000	0,00	0,20	0,00	0,00	0,00%	0,00%	0,00	0,00%	15,03%	859.502.000,00	135.134.000.000,00
	BBDC3	16,05	9,09	1,18	0,000	3,71%	0,000	0,00	0,20	0,00	0,00	0,00%	0,00%	0,00	0,00%	13,03%	124.762.000,00	135.134.000.000,00
Itaú	ITUB4	22,51	11,08	1,75	0,000	5,63%	0,000	0,00	0,00	0,00	0,00	0,00%	0,00%	0,00	0,00%	15,76%	905.462.000,00	124.416.000.000,00
	ITUB3	21,47	10,57	1,67	0,000	3,95%	0,000	0,20	0,00	0,00	0,00	0,00%	0,00%	0,00	0,00%	15,76%	13.503.800,00	124.416.000.000,00
Banco do Brasil	BBAS3	29,79	5,29	0,81	0,000	5,73%	0,000	0,00	0,20	0,00	0,00	0,00%	0,00	0,00	0,40%	15,15%	301.395.000,00	105.007.000.000,00
Santander	SANB4	14,89	8,48	1,50	0,000	9,27%	0,000	0,00	0,00	0,20	0,00	0,00%	0,00%	0,20	0,00%	17,66%	2.945.940,00	74.512.200.000,00
	SANB11	27,90	7,95	1,40	0,000	10,05%	0,000	0,00	0,20	0,00	0,00	0,00%	0,00%	0,00	0,00%	17,66%	76.070.600,00	74.512.200.000,00
	SANB3	12,92	7,36	1,30	0,000	10,34%	0,000	0,20	0,00	0,00	0,00	0,00%	0,08%	0,00	0,00%	17,66%	2.143.200,00	74.512.200.000,00
Banco Inter	BIDI4	19,88	618,65	7,11	0,000	0,15%	0,000	0,00	0,20	0,00	0,00	0,00%	0,00%	0,00	0,00%	1,13%	49.321.300,00	2.115.160.000,00
	BIDI11	57,58	606,79	6,97	0,000	0,36%	0,000	0,00	5,00	0,00	0,00	0,00%	0,00%	0,00	0,00%	1,15%	64.000.400,00	2.115.160.000,00
	BIDI3	18,30	575,35	6,61	0,000	0,38%	0,000	0,20	0,00	0,00	0,20	0,00%	0,00%	0,00	0,00%	1,15%	8.098.160,00	2.115.160.000,00

Para o Banco do Brasil o indicador P/VP (P =Preço da Ação; VP ou VPA = Valor Patrimonial por Ação está em 0,81, isto é ao dividirmos o preço de seu ativo hoje R$ 29,79 (02/10/20) pelo seu VP/VPA (R$ 36,65) (29,79/36,65= 0,81). Assim que, segundo a nossa estratégia anterior baseada em comprar ativos com preço abaixo do seu valor patrimonial hoje poderíamos continuar comprando ações de BBAS3. Mas e se gostaríamos de diversificar um pouco no Santander uma vez que ele é o banco que possui o melhor ROE? Tudo bem, mas temos que ter consciência de saber que ele tem no momento um valor de P/VP entre 1,30-1,50 (dependendo do ativo que iremos escolher, SANB3, SANB11 ou SANB4). Assim que, o preço ao ser adquirido hoje está em 30-50 % maior do que o "realmente vale" segundo a Análise Fundamentalista. Coloco entre aspas os termos realmente vale, pois temos que ter em mente que tudo é questão de perspectiva. Dependendo do óculos que escolhemos temos uma visão diferente da realidade e isto vale tanto para os investimentos como para a vida.

E falando em visão da realidade dêem uma olhada em como a maioria das pessoas estão vendo o Banco Inter. Mesmo com um ROE atual de 1,15 % e um Dividend Yield (DY) de 0,35 % (isto, é pagando na forma de dividendos somente 0,35 % ao ano) estão comprando ações deste Banco de monte e fazendo o seu indicador P/VP chegar a aproximadamente 7 (isto é, custando 7 vezes o seu valor Patrimonial), somente porquê ele é uma Startup e têm potencial de crescimento com a evolução do tempo, uma vez que seu Patrimônio Líquido hoje é de somente 2 bilhões, enquanto os Bancões chegam a 135 bilhões.

Mas será que vale a pena investir hoje em Banco Inter pensando em todo este crescimento futuro? A minha opinião vocês já devem ter percebido pela minha escrita anterior, mas irei apresentar a vocês 2 outros argumentos a seguir. Abaixo apresento um gráfico que compila o Lucro

Líquido do Banco Inter X Banco Santander ano a ano. Vocês podem ver que como o Bando Inter é novo e somente temos dados a partir de 2018, porém desde ano passado estamos vendo uma seqüência de quedas no lucro trimestre a trimestre, enquanto para o Santander não temos visto o mesmo comportamento recente (então, não podemos dizer que é culpa da crise econômica, pandêmia ou do setor bancário, ou algo assim). E quando olhamos para o longo prazo no Santander vemos uma seqüência de altas no lucro líquido trimestre a trimestre desde 2016.

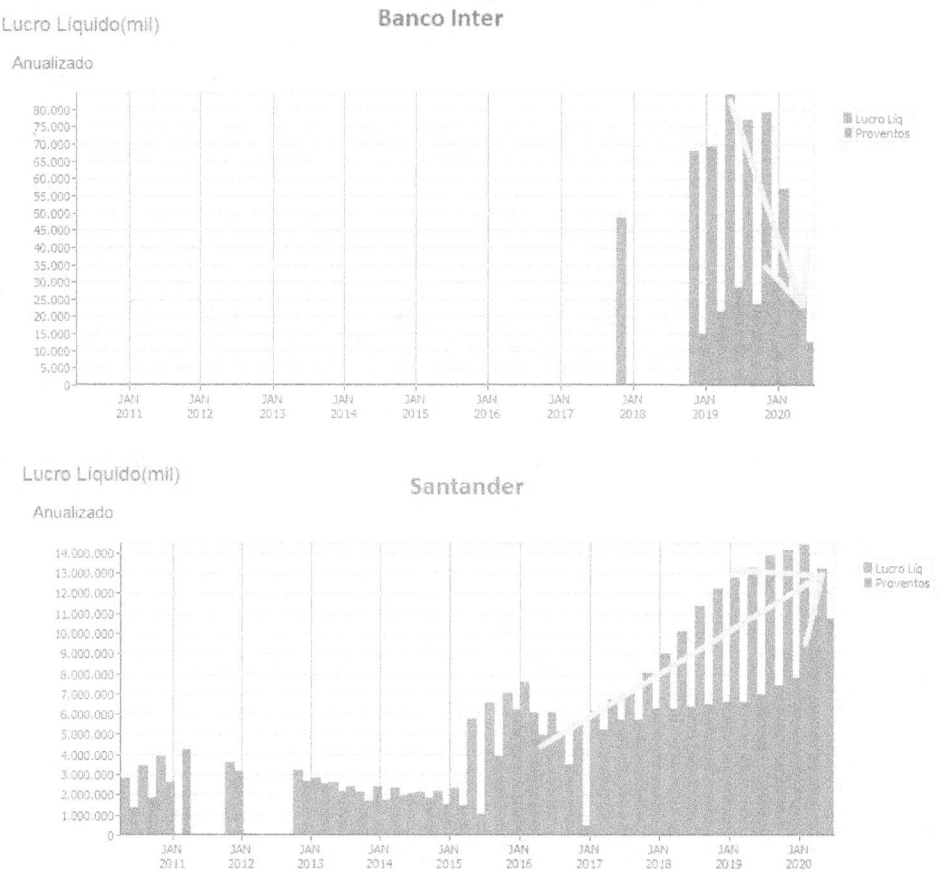

E para finalizar irei apresentar como outro argumento para comprar SANB11 e não BIDI4: os lindos estudos gráficos segundo a perspectiva da "Metodologia Zen".

Abaixo segue o gráfico semanal do ativo BIDI4 e SANB11, respectivamente. Pode-se observar que eles parecem estar em mundos completamente distintos. E como no Informe passado eu havia postado o gráfico no Banco do Brasil (BBAS3) você pode reparar que na verdade o que esta descolado dos bancos é o BIDI4, uma vez que BBAS3, assim como SANB11 está com valores próximos a reta vermelha horizontal, fundo do mercado recente devido ao Crash da Pandemia da COVID-19.

Em linhagem de Trader, pode-se dizer que BIDI11 cumpriu recentemente seu objetivo de curto prazo, que era após o Crash se recuperar até o valor pré-pandemia R$ 24,41 (a reta verde horizontal no topo do gráfico). E isto pode ser comprovado ao termos a formação há 4

semana atrás do famoso martelo invertido vermelhinho. E justamente devido a este Candle que Traders entraram na venda e tivemos a correção dos preços de R$ 24 para R$ 17 até, tendo a média móvel exponencial (EMA) de 9 rompida, porém a aritmética de 20 (que vem junto com a Banda de Bollinger, BB) segurou os preços e força compradora entrou nesta semana (lembra do movimento de desvalorização do dólar que eu compartilhei com vocês nos informes passados? Qualquer semelhança não é pura coincidência. Análise Gráfica é assim mesmo. Parece um pouco com Agricultura como mencionei anteriormente, mas também como astronomia. De tempos em tempos definidos tem eclipse solar. Assim que quem está comprando nesta sexta dia 02/10 não está fazendo tanta loucura assim segundo a Análise Gráfica uma vez que o preço deve retornar próximo ao patamar de R$ 24, aproximadamente 4 reais acima da cotação atual, dando um "Upside" (Termo favorito dos Profissionais de Mercado que atuam como Analistas e fazem recomendações de compra e venda nas corretoras, os quais vocês devem passar longe) de 20 %.

Mas, porém, contudo, todavia, vamos dar uma olhada no "Upside" da SANB11. Usando a mesma lógica anterior se os preços das cotações atingirem valores próximos a da reta verde (horizontal no topo do gráfico) (R$ 49), se comprarmos hoje ao preço aproximado de R$ 29, temos um Upside de R$ 20 por ação, o que representa em termos percentuais (20/29X100 = 68 %). Assim que levando em conta todos estes aspectos, SANB11 entrou na nossa carteira de estudos financeiros, junto com BBAS3 e HGRE11. E se der errado e SANB11 se desvalorizar? Eu fico tranqüilo com o dividend yield estimado de 10 % ao ano (que vocês podem ver na tabela comparando os indicadores fundamentalistas de todos os bancos), uma vez que estou tirando dinheiro do tesouro selic que está me pagando menos de 2 % ao ano. E se BIDI4 explodir e romper o valor da linha de resistência verde (a reta horizontal no topo do gráfico) em R$ 24,41? Tudo bem, mas eu prefiro ficar de fora no momento com a cotação estando ao preço de R$ 19,78 e uma possível possibilidade de formação de topo duplo. Para mim o Risco/Retorno de SANB11 está mais vantajoso e eu durmo mais Zen fazendo esta escolha entre estes dois ativos apesar de saber que o futuro é sempre incerto.

Diego Tresinari Ph.D.

Espero que vocês venham de grão em grão aumentando a sua Educação Financeira e vamos ver se os investimentos que iniciei vão se valorizar até o próximo informe ou não. Assim que eu recomendo que quem leu este informe que fique atento para ler o seguinte para consolidação dos conhecimentos. E quem quiser fazer mentorias financeiras individuais ou participar dos próximos cursos (temos duas opções: o "Trader Lúcido" e o "Investidor Lúcido") é só me chamar pelo WhatsApp: (19) 99805-0484 ou pelo página do Centro de Estudos Financeiros (www.facebook.com.br/centrodeestudosfinanceiros).

Bons estudos financeiros e até breve.

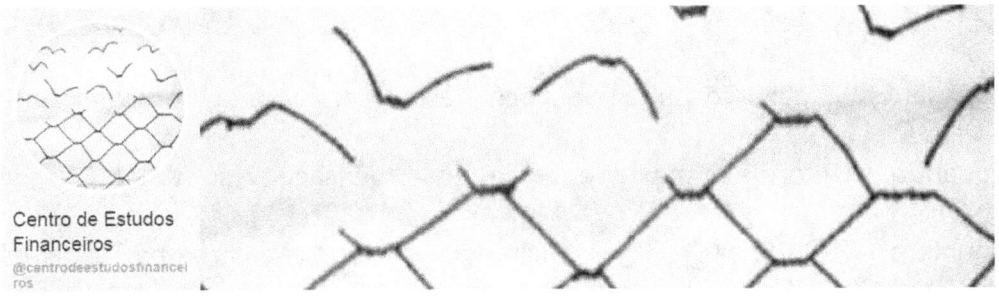

Informe "Investidor-Trader Lúcido" – Mês de Outubro 2020 (Documento 6, Postado em Novembro 2020 na página www.facebook.com.br/centrodeestudosfinanceiros)

Apresentação

Com o objetivo de fornecer material educacional gratuito o "Centro de Estudos Financeiros" inicia a elaboração do Informe "Investidor-Trader Lúcido". Este informe será elaborado e distribuído na página do Facebook 1 vez por mês ficando arquivado na seção Fotos

https://www.facebook.com/pg/centrodeestudosfinanceiros/photos/?ref=page_internal para consulta. Se você deseja ser avisado imediatamente quando o Informe é postado envie uma mensagem ao WhatsApp de número: (19) 9.9805-0484 solicitando o seu cadastro na lista de transmissão de WhatsApp. Como a elaboração deste Informe é dependente do "Timing de Mercado", uma vez que a idéia é apresentar estudos práticos para contribuir com a Educação Financeira de vocês, sugiro que solicitem a sua inclusão na lista de transmissão para poder acompanhar adequadamente este material.

Estratégias do "Investidor-Trader Lúcido": Abre o guarda-chuva

Para este informe iremos parar um pouco de falar da Técnica de Análise Fundamentalista e iremos abordar uma estratégia que utilizo para proteção de lucros obtidos oriundos de uma rápida valorização dos ativos, os bem conhecidos ralis. Esta estratégia se baseia no uso da ferramenta Stop Loss que você encontra em todos os Home Brokers das corretoras e é definida a partir do uso da Técnica de Análise Gráfica pela perspectiva da "Metodologia Zen".

No Informe passado aumentamos a nossa carteira de investimentos que estamos estudando através da compra do nosso terceiro ativo, SANB11 (ações do Bando Santander), imaginando uma valorização de longo prazo, isto é, depois de alguns meses. Porém, apareceu um "Cisne Negro" a vista no meio deste 1 mês. Mais especificamente, o Candle amplo negativo, isto é, com rápida desvalorização aconteceu no dia 28 de outubro, dois dias atrás. A seguir apresentarei os detalhes e imagens e fotos deste tal de Pato, Cisne, Marreco Negro e o local onde a ordem automática de Stop Loss será colocada para proteção de lucros e suas possíveis implicações.

Bons estudos financeiros e que você aproveite este Informe.

Colocando ordem Stop Loss nas Ações da Empresa do Setor Bancário Santander (SANB11)

Abaixo segue o gráfico semanal do ativo SANB11 apresentado no informe do mês passado e o que podemos "printar" hoje. Conforme pode ser visto depois de termos comprado SANB11 na sexta-feira (dia 2 de outubro) ao valor de R$ 29, seguindo o Setup de compra da "Metodologia Zen" (que englobava naquele momento tanto o aspecto de primeiro candle com fechamento acima da máxima do candle da semana anterior quanto a figura de um possível pivô de alta) tivemos 4 semanas de alta até o valor de R$ 36,27, o que representou uma valorização de 25 % em menos de 1 mês (36,27-29/29 *100 = 25 %). Assim que, diante de um rali tão forte para um ativo tão seguro quanto o Banco Santander, uma correção no preço é extremamente saudável, porém ao olharmos os outros ativos do setor bancário, o índice do setor bancário (IFNC), o próprio índice Bovespa (que engloba diferentes setores da nossa bolsa de valores) e diferentes índices de bolsas de outros países (Estados Unidos, China, Alemanha e Reino Unido), além do contrato de juros futuros brasileiros com vencimento em 2025 vemos que a "coisa pode enfeiar" para SANB11 também como já aconteceu com a maioria dos ativos, apesar de ainda não termos a desconfiguração do que nos animou a entrar no ativo via Análise Fundamentalista e Gráfica.

Diego Tresinari Ph.D.

Falando um pouco sob configuração e desconfiguração gráfica ao colocarmos um Ordem Stop com preço de disparo em R$ 31,18, 2 centavos abaixo do valor da mínima desta semana (R$ 31,21) (veja abaixo boleta da ordem), na minha visão estaríamos nos protegendo de um possível topo duplo que pode ser formado e levar os preços para patamares de R$ 23 (linha vermelha) caso a situação se enfeie.

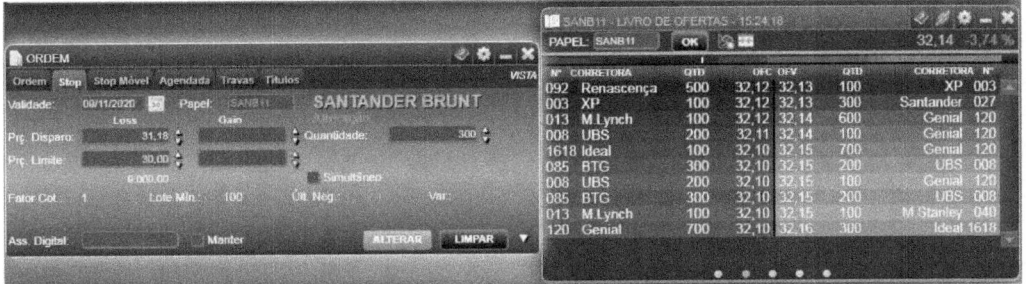

No gráfico com uma linha horizontal laranja está indicado onde pode estar o ponto que um segundo topo possa ser formado, porém obviamente antes temos que ter o corriqueiro caminho de perda da média móvel exponencial de 9 períodos/semanas (curva azul), da média móvel aritmética de 20 (curva vermelha) e o rompimento da linha de tendência de alta que tracei manualmente em laranja. Outro aspecto bem didático é que o Candle vermelho (baixista) desta semana ficou desta maneira devido ao toque a média móvel aritmética de 200 (curva verde, média móvel seguinte), o que indica que possivelmente tem muitos Traders puro sangue de olho em ganhar na desvalorização de SANB11 e eles já vem ganhando a operação desde os R$ 35 e pouco. Lembrando que para a maioria dos Traders o "Setup" de comprar quando toca a média móvel de 20, que vimos com o dólar nos informes anteriores, geralmente termina com a venda quando a cotação toca a média móvel de 200 e vice versa (inicio da operação de venda na média de 200 e termino na de 20 períodos).

Mas, tudo isto é elucubração. O que nos importa no momento não é ficarmos com achismos e/ou tentar fazer previsões, etc. Isto deixemos com os economistas e meteorologistas. Aqui vamos simplesmente assumir uma posição de cautela (por isto a cor laranja/amarelo do semáforo nas linhas do gráfico), pois com esta estratégia estaríamos resguardando um lucro de R$ 2,18 por ação, isto é, 7,5 % (2,18/29*100 = 7,5 %). Obviamente, poderíamos ter aplicado a estratégia de vender no toque da média de 200 ao valor aproximado de 36, obtendo R$ 7 por ação, isto é, 24 % de lucro (7/29*100 = 24 %) (lucro mais de 3 X maior), porém o nosso alvo era longo lembra? R$ 49. E não tínhamos nenhum Cisne Negro no panorama inicial. E o que fazer com BBAS3 que está sendo cotado abaixo do valor que compramos no momento? Neste caso eu o manteria e ficaria contente com os bons dividendos caindo na conta. Dependendo eu até compraria mais, caso num futuro dê condição gráfica de compra segundo a "Metodologia Zen". Agora que os Traders Puros e os Investidor Puros (Buy and Holders) ao mesmo tempo vão à loucura com estes meus últimos comentários, pois para o Trader Puro ele é obrigado a vender BBAS3, assumindo o prejuízo da Operação (esta é a terminologia que eles usam) e para o Investidor Puro ele nunca teria coragem de colocar uma ordem de Stop Loss em SANB11 (eles pensariam como não manter em carteira focado em dividendos uma ação com estes fundamentos?), na verdade na maioria ele nem sabe como fazê-lo. Extamente, conheci muitos Holders que nunca se atreveram em nenhuma ferramenta do Home Broker. Mas você como "Investidor-Trader Lúcido", isto é, uma pessoa mais flexível e que sabe como é a mentalidade dos principais atores que atuam no mercado financeiro (Investidores e Traders) e que foca em atingir a sua liberdade/independência financeira mais rapidamente com a ajuda da renda variável, porém sem cair nas armadilhas de comprar small caps que muitos recomendam por aí, com a ilusão de que elas se valorizarão mais de 1.000% ou algo assim, não estranhará a minha argumentação.

Falando em liberdade/financeira... Acabo de finalizar a tradução de meu livro "Ayurvedic Financial Freedom" que originalmente escrevi em inglês no começo do ano. Se vc desejar lê-lo entre no link:

Diego Tresinari Ph.D.

https://www.amazon.com.br/Liberdade-Financeira-Ayurv%C3%A9dica-Insights-Jornada-ebook/dp/B08LMZSWZT Nele conto toda a minha jornada financeira e apresento uma abordagem também nada usual sobre os conceitos "mindset", autoconhecimento e finanças pessoais.

Voltando ao tema do "Cisne Negro", irei apresentar a seguir alguns gráficos que mostram que esta segunda onda do Coronavírus pode enfeiar a situação para SANB11, BBAS3 e outros ativos, porém para HGRE11 (fundo imobiliário) parece que estamos protegidos. Ufa, por fim uma boa notícia. Outra boa notícia é que somente temos na nossa carteira de estudos financeiros 3 ativos, que quizá em algumas semanas pode se transformar em uma com 2 ativos (se a ordem de SANB11 for executada) e a minha idéia é termos pelo menos 4-5 ativos nela. Assim, que as compras dos novos ativos poderão ser feitas a um preço ainda menor que hoje. Somente para adiantar um pouco a vocês quais ativos estou de olho, são eles por ordem de preferência e risco: YDUQ3 (setor de educação), COGN3 (setor de educação), BRML3 (setor de shopping), CIEL3 (setor financeiro)... Agora Diego você quer chutar o balde dos Buy and Holders, né? Cielo com mais risco que estas outras. Sim, exatamente. Ela está ultimamente com um gráfico muito traiçoeiro. A Análise Gráfica não está se ajustando muito bem, por isto, o risco maior, oK? Porém, é lógico que Cielo é Cielo, mas é indiscutível que tem muita manipulação neste ativo no momento, o mesmo vale para IRBR3 (Setor de seguros), outra ação adorada pelos Fundamentalistas.

A seguir, então, seguem os gráficos na seqüência:

IBOV (Índice Bovespa, bolsa de valores do Brasil): Uso neste caso o gráfico diário para mostrar mais claramente os canal de baixa (região entre as linhas diagonais) que o índice estava seguindo até que recentemente tivemos a sua ruptura para cima (linha tracejada laranja), porém o vôo foi de galinha com a chegada da segunda onda do coronavírus e a cotação do índice voltou ao patamares anteriores. Pode formar fundo duplo? Pode? Porém, tivemos um martelo verdinho bonito ontem que hoje não foi confirmado e na verdade foi praticamente negado o que pode fazer os preços chegarem ao fundo do canal (linha diagonal vermelha). E a média de 200 (curva mais baixa))? Esta também esta bagunçada. Ontem teve seu rompimento para cima e hoje para baixo. Assim que no momento o mercado financeiro está difícil de definir usando a Análise Gráfica, ainda mais usando o gráfico diário que já possui um nível de precisão muito mais baixo que o gráfico semanal.

DJI (Índice Dow Jones, bolsa de valores dos Estados Unidos): Para colocar mais angu nesse caroço apresento o gráfico semanal do DJI, mostra que nesta semana temos a confirmação de um topo duplo, pois o fechamento da semana foi abaixo da linha horizontal laranja, o que nos indica que os preços podem cair mais chegando até a média móvel de 200 em breve.

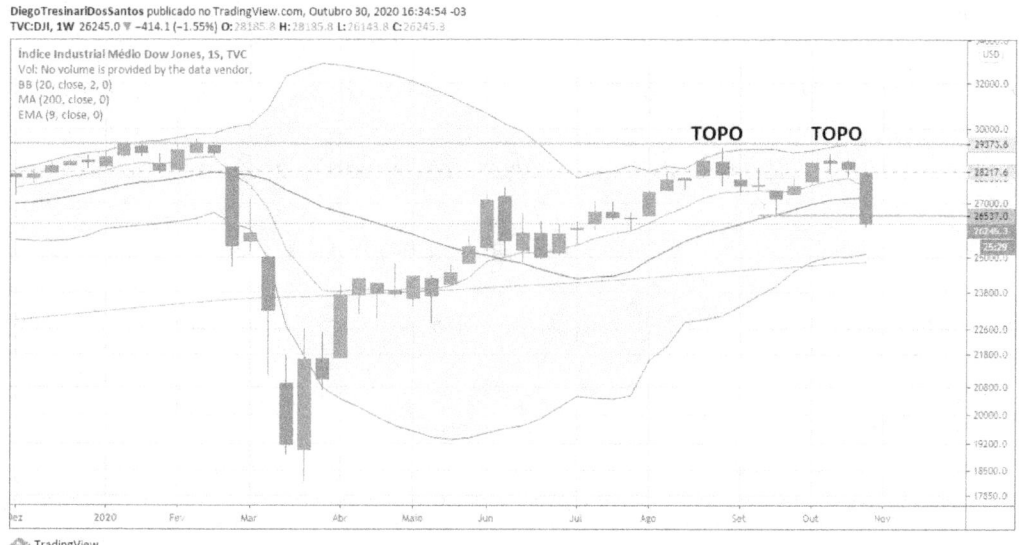

Assim, que espero que você tenha entendido que há uma possibilidade SANB11 cair junto com o mercado financeiro sendo infectada pelo coronavírus, por isto seria adequado colocarmos uma ordem Stop Loss para preservar os 7,5 % de lucro em 1 mês, apesar de parecer até o momento que ela está vestindo uma máscara de proteção bem forte.

Espero que vocês venham de grão em grão aumentando a sua Educação Financeira e vamos ver se os investimentos que iniciei vão se valorizar até o próximo informe ou não. Assim que eu recomendo que quem leu este informe que fique atento para ler o seguinte para consolidação dos conhecimentos. E quem quiser fazer mentorias financeiras individuais ou participar dos próximos cursos (temos duas opções: o "Trader Lúcido" e o "Investidor Lúcido") é só me chamar pelo WhatsApp: (19) 99805-0484 ou pelo página do Centro de Estudos Financeiros (www.facebook.com.br/centrodeestudosfinanceiros).

Bons estudos financeiros e até breve.

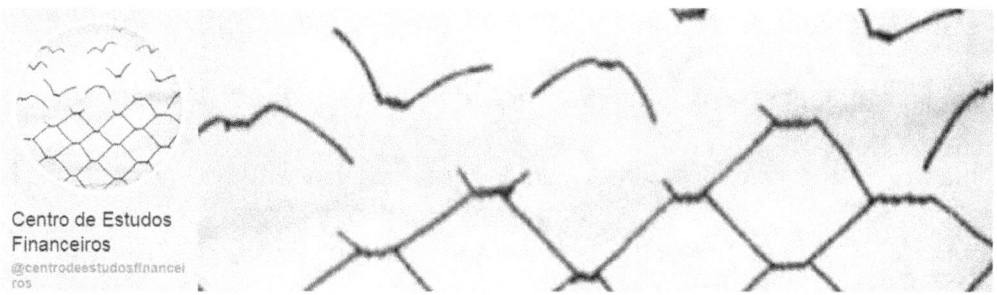

Informe "Investidor-Trader Lúcido" – Mês de Novembro 2020 (Documento 7, Postado em Dezembro 2020 na página www.facebook.com.br/centrodeestudosfinanceiros)

Apresentação

Com o objetivo de fornecer material educacional gratuito o "Centro de Estudos Financeiros" inicia a elaboração do Informe "Investidor-Trader Lúcido". Este informe será elaborado e distribuído na página do Facebook 1 vez por mês ficando arquivado na seção Fotos

Diego Tresinari Ph.D.

https://www.facebook.com/pg/centrodeestudosfinanceiros/photos/?ref=page_internal para consulta. Se você deseja ser avisado imediatamente quando o Informe é postado envie uma mensagem ao WhatsApp de número: (19) 9.9805-0484 solicitando o seu cadastro na lista de transmissão de WhatsApp. Como a elaboração deste Informe é dependente do "Timing de Mercado", uma vez que a idéia é apresentar estudos práticos para contribuir com a Educação Financeira de vocês, sugiro que solicitem a sua inclusão na lista de transmissão para poder acompanhar adequadamente este material. Ano passado realizei outra atividade educacional gratuita em que a intitulei de "Ações com Lucidez".

Estratégias do "Investidor-Trader Lúcido": Um olho no peixe outro no gato

No Informe passado havíamos colocado uma ordem automática de Stop Loss em SANB11 visando proteção de lucros (de 7,5 % em alguns dias), porém a tempestade anunciada não aconteceu e não precisamos usar o guarda-chuva. Assim que ainda estamos posicionados surfando (linguagem que o Traders adoram, rsrs) o tal rali que venho mencionando desde algum tempo com SANB11 e mais outros 2 ativos que havia mencionado no informe anterior que estavam no meu radar para adentrar a nossa carteira de estudos financeiros.

Para este informe, além de detalhar um pouco mais o uso da estratégia "abre o guarda-chuva", que apresentei no informe anterior de uso de ordens automáticas para proteção de lucros, apresento uma nova estratégia a estratégia "um olho no peixe outro no gato".

Bons estudos financeiros e que você aproveite este Informe.

Colocando ordem Stop Loss nas Ações da Empresa do Setor Bancário Santander (SANB11)

Abaixo segue o gráfico semanal do ativo SANB11 apresentado no informe do mês passado e o que podemos "printar" hoje (04/12/2020).

Diego Tresinari Ph.D.

No informe anterior seguindo a estratégia "abre o guarda-chuva", havíamos colocado uma Ordem Stop com preço de disparo em R$ 31,18, 2

centavos abaixo do valor da mínima desta semana (R$ 31,21), visando nos proteger de um possível topo duplo que poderia ser formado e levar os preços para patamares de R$ 23 (linha vermelha) caso a situação se enfeia-se. Assim, com esta estratégia estaríamos resguardando um lucro de R$ 2,18 por ação, isto é, 7,5 % (2,18/29*100 = 7,5 %).

Mas, porém, contudo, todavia a tempestade anunciada não aconteceu e ainda estamos na janelinha do ônibus de SANB11 (sabe aquela frase da pessoa que chega por último e quer ficar na janelinha? Rssrsrs), por quê soubemos inserir a ordem de Stop Loss adequadamente (quem usa gráfico diário e olha o mercado todos os dias tenho certeza que foi "vionilado", este termo "vionilado" é um termo muito usado pelos Traders que caem nestas armadilhas que o mercado as vezes prega. Eu mesmo já cai muito nelas e devido a vontade de não cair mais que desenvolvi a estratégia "abre o guarda-chuva", que faz o uso de ordens automáticas para proteção de lucros do Investido-Trader Lúcido que compartilho aqui). Caso desejamos fazer a venda das ações do Banco Santander estes dias ao valor de R$ 41,58 embolsaríamos um lucro de 44 % em aproximadamente 2 meses (a compra foi realizada em 02/10), porém não é assim que iremos fazer a saída de SANB11, Ok? Iremos seguir a risca a estratégia de ir subindo a ordem Stop Loss pelo valor da mínima da semana anterior (em termos práticos na sexta passada tínhamos colocado uma ordem 2 centavos abaixo de R$ 38,08 e hoje iremos subir para 2 centavos abaixo de R$ 38,96). Como a minha idéia é lhes tornar um Profissional do Mundo dos Investimentos vamos seguir com técnica e estratégia até o fim. Até porquê a estratégia novamente para mim e como primeira vez para muito de vocês se demonstrou muito eficiente, né?

Uma variante da referida estratégia "abre o guarda-chuva" seria ao hoje subir a ordem automática para 2 centavos abaixo de R$ 38,96, isto é, R$ 38,94, ao invés de colocarmos a venda de todas as ações que compramos, podemos colocar à venda automática de somente 50 % delas. Mas, por quê vc desenvolveu esta variante da estratégia que já era tão boa? Porquê mesmo usando o gráfico semanal, ainda pode ser que somos "violinados" (não é tão comum quanto com o gráfico diário, mas acontece), isto é, nossa ordem de venda seja acionada por atingir o preço do gatilho de 2 centavos abaixo do valor informado, por exemplo, logo na segunda ou terça-feira seguinte, mas durante a quarta, quinta e sexta o preço se recupere e aconteça um Candle parecido com o famoso Candle Martelo que indica continuidade da alta. No nosso caso específico, poderia isto acontecer, por exemplo, semana que vem, de vendermos metade da quantidade de tínhamos das ações a R$ 38,94 e após alguns dias vermos SANB11 batendo no valor alvo de R$ 49,20 indicado na linha horizontal no topo do gráfico desde o inicio do nosso estudo. Se você faz esta venda parcelada com certeza você ficaria mais feliz do que de ter saído um pouco antes de a festa da bolsa Brasileira acabar. Pelo menos é assim que eu me sentia quando não realizada esta venda de maneira parcelada. É pelo mesmo motivo que também uso as compras parceladas que já mencionei em informes passados. No caso de fazermos compras agente tem que sempre lembrar do Intelectual Tiririca (Palhaço hoje Político) que dizia a frase sábia "Pior que tá não fica, vote no Tiririca". É lógico que pode ficar pior e os preços ficarem mais baratos, daí para não termos nossa mente dizendo "devia ter esperado mais um pouco para comprar mais barato" agente deixa uma parte do dinheiro para comprar a um valor mais barato caso o valor caia.

Diego Tresinari Ph.D.

Iniciando o Investimento: Ações da Empresa do Setor de Educação (YDUQ3) e da Empresa do Setor de Shoppings (BRML3)

Como indicado no informe anterior eu estava estudando 4 ações da bolsa para incorporarmos a nossa carteira de investimentos em renda variável: YDUQ3 (setor de educação), COGN3 (setor de educação), BRML3 (setor de educação), CIEL3 (setor financeiro) (por ordem de preferência e risco na minha opinião). Daí que, decidi por não entrar na que eu tinha menor preferência CIEL3 e dentre as duas do setor de educação comprar somente a primeira, com o objetivo de deixar um pouco de capital para comprar mais Fundos Imobiliários, uma vez que na minha visão é lá que pode dar um outro rali no futuro como este que estamos vendo nas ações da bolsa de valores neste momento.

Assim que na sexta-feira dia 6 de Novembro, usando a "Metodologia Zen", metodologia de Position-trade [lembrando que temos metodologias de Day-trade (compra e venda acontece no mesmo dia), Swing-trade (compra e venda acontece em dias diferentes após 2 dias e de no máximo geralmente 2 meses e de Position-trade (compra e venda acontece geralmente em no mínimo 2 meses)] que se baseia no uso da técnica de análise gráfica usando gráfico semanal, deixei uma ordem automática de compra para comprar ações de YDUQ3 e BRML3. Assim como descrito no caso das vendas usando ordens automáticas, ao colocarmos uma ordem de compra temos que definir o preço de disparo, no caso de YDUQ3 2 centavos acima de R$ 24,60 (valor máximo do Candle semanal), isto é R$ 24,62 e o preço que você realmente irá fazer a oferta (na maioria dos Home Brokers se chama Preço Limite). E no dia 9 de Novembro aconteceu algo bem interessante, que novamente fico feliz que tenha acontecido para poder inserir alguma menção neste informe. Ficou curioso, né? Sem mais delongas, o que aconteceu foi que passado o final de semana em que não há negociação na bolsa de valores na segunda-feira seguinte ao que configurei a ordem de compra o mercado abriu com um imenso gap de alta. Gap é uma palavra em inglês que significa buraco, e exatamente se vc olhar na imagem abaixo o buraco indicado em rosa em YDUQ3.

Diego Tresinari Ph.D.

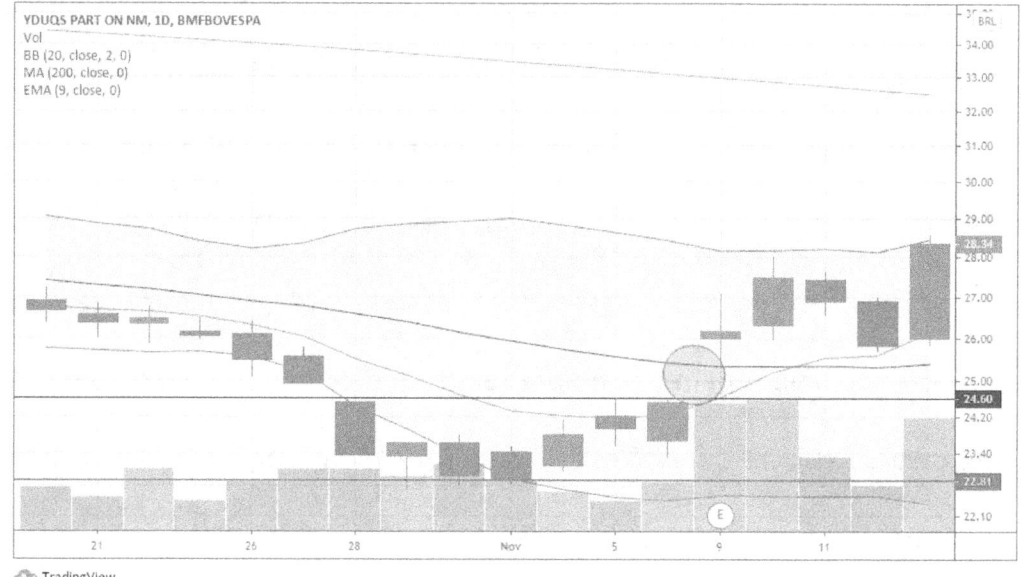

Daí que novamente, muitos que colocam a ordem limite equivocadamente não se deram bem. No meu caso com os anos de experiência eu fui aprendendo a não economizar ao definir este preço, até porquê não significa que se você ofertar o valor de R$ 30 para YDUQ3 ela será executada neste valor. Por exemplo, quem ofertou R$ 30 foi negociado à R$ 26 logo no valor de abertura às 9:00 da segunda-feira. Ofertar um valor alto somente faz com que a sua ordem seja uma das primeiras a serem negociadas. Como eu não fui tão generoso assim [geralmente coloco em número redondo aproximadamente R$ 1 acima da ordem gatilho, neste caso R$ 25,50; no caso de SANB11 em que printei a boleta no informe passado eu havia colocado a ordem limite em R$ 30, (número redondo aproximadamente R$ 1 abaixo por querer a venda) da ordem gatilho uma vez que a ordem gatilho estava em R$ 31,18], a minha ordem foi executada exatamente no valor que eu havia indicado. Porém, quem ofertou alguns centavos acima da ordem gatilho de R$ 24,62, por exemplo, R$ 24,72 não conseguiram comprar de maneira automática. Na verdade quem ofertou abaixo de 25,32 ficou de fora e não conseguiram comprar de maneira automática. E até por este motivo, que na sexta seguinte, 7 dias após eu inserir a minha ordem de compra automática o peço de YDUQ3 já estava em R$ 28,34. Como muitos que foram tacanhos ao tentar comprar automaticamente e viram que um enorme W estava com possibilidade de ser formado com fundo duplo em R$ 22,81 e com alvo bem longo em R$ 55,61 além de um imenso gap (Traders extrangeiros usam o termo Monster Gap), eles correram para comprar manualmente e fizeram as cotações voar.

Diego Tresinari Ph.D.

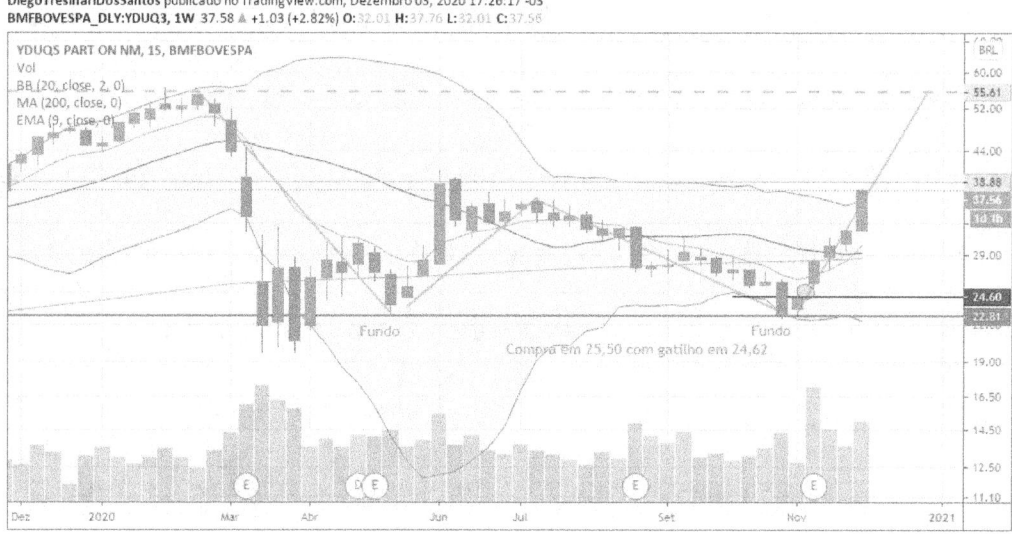

De maneira similar em BRML3 tivemos uma compra executada também na segunda-feira a R$ 10, após o gatilho em R$ 9,09 ter sido acionado após o Monster Gap, mas a valorização ainda não está tão explosiva, porém a tendência de alta segue sem termos que nos preocupar pois temos também um grande W com a configuração de um Fundo duplo que tende a fazer com que os preços sigam rumo ao R$ 19. Talvez quando o Ibovespa chegue perto dos 119 mil e a nossa BRML3 não demonstrar muita força agente comece a colocar a ordem de Stop Loss usando a estratégia "abre o guarda-chuva" com venda parcelada conforme descrita previamente.

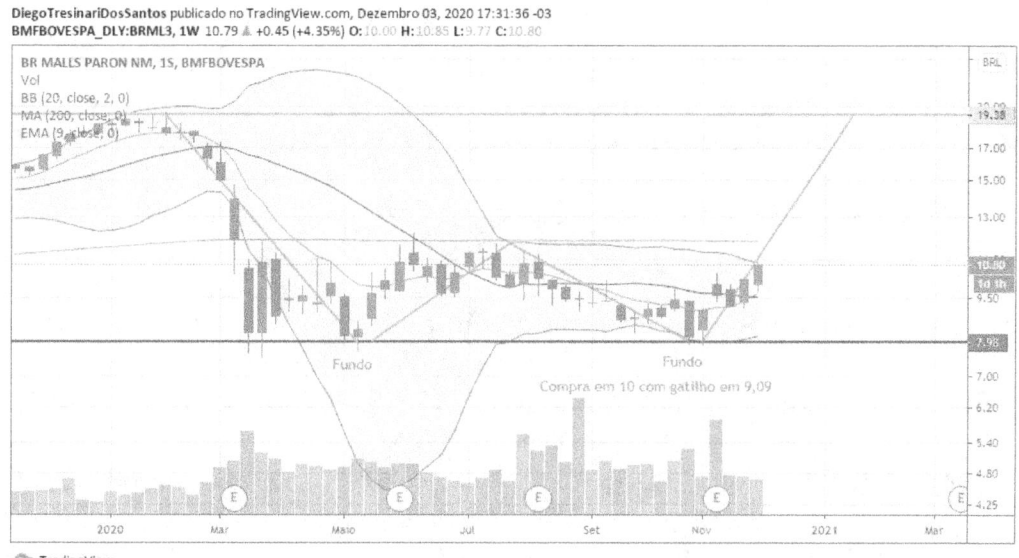

Iniciando o Investimento: Cotas de Fundo Imobiliário (FII) HGBS11 do Setor de Shoppings

E para finalizarmos os nossos estudos financeiros de hoje e desta série de maneira gratuita, temos a descrição da estratégia "um olho no peixe outro no gato". O fechamento completo desta série estará no livro intitulado "Investidor-Trader Lúcido" que será publicado em breve com o conteúdo dos informes editado, mais vários materiais bônus com o objetivo de fornecer um melhor entendimento. Adicionalmente, para discutirmos um pouco o fechamento desta série teremos um encontro on-line gratuito a ser realizado dia 10/11/2020 às 20:00: https://www.facebook.com/events/221546472695886.

Obviamente, que estou feliz com as minhas ações se valorizando: BBAS3: Compra R$ 33,39, Valor atual R$ 35,48 (Aprox. 6 %); SANB11: Compra R$ 29, Valor atual R$ 42 (Aprox. 45 %); YDUQ3: Compra R$ 25,50, Valor atual R$ 37,56 (Aprox. 48 %); BRML3: Compra R$ 10, Valor atual R$ 10,80 (Aprox. 8 %), além dos dividendos que elas vão pagando (lembra que a escolha das ações para a carteira do "Investidos-Trader Lúcido" se inicia em selecionar ações para estudo que paguem bons dividendos e tenham boas métricas fundamentalistas), e com a terceira operação na desvalorização do dólar que tenho aberta (veja abaixo detalhes) dando bons frutos, porém eu vejo que um rali similar ao que vem acontecendo com as ações das empresas da bolsa aconteça com os FIIs em breve. Daí, que aumentamos a quantidade de FIIs que temos para 2 ao incorporarmos o ativo HGBS11, além do HGRE11 que já tínhamos. Como justificativa de entrada, além da cotação atual estar abaixo do valor patrimonial já explicado em outros informes temos uma valor de cotação no gráfico semanal fechando acima do da semana anterior e as cotação estão se segurando na Média Móvel Aritmética de 200 períodos (no caso 200 semanas). Lembra que muitos Gestores e Investidores profissionais, que usam a técnica de análise gráfica compram quando segura nesta média e na de 20? Talvez, possa que tenhamos nas próximas semanas o começo de um rali. Será? Talvez. Nunca se sabe, porém seguimos fazendo nossos estudos financeiros. Se você quer continuar seguindo os avanços deste investimento em fundos imobiliários (HGRE11 e HGBS11), fique de olho que no próximo ano (2021) iniciarei a distribuição do Informe gratuito Imóveis com Lucidez, que além de falar, discutir e apresentar a dinâmica da tomada de decisão do investimento em fundos imobiliários também discutirei aspectos relacionados à investimentos em imóveis diretos, terrenos, apartamentos, etc.

Diego Tresinari Ph.D.

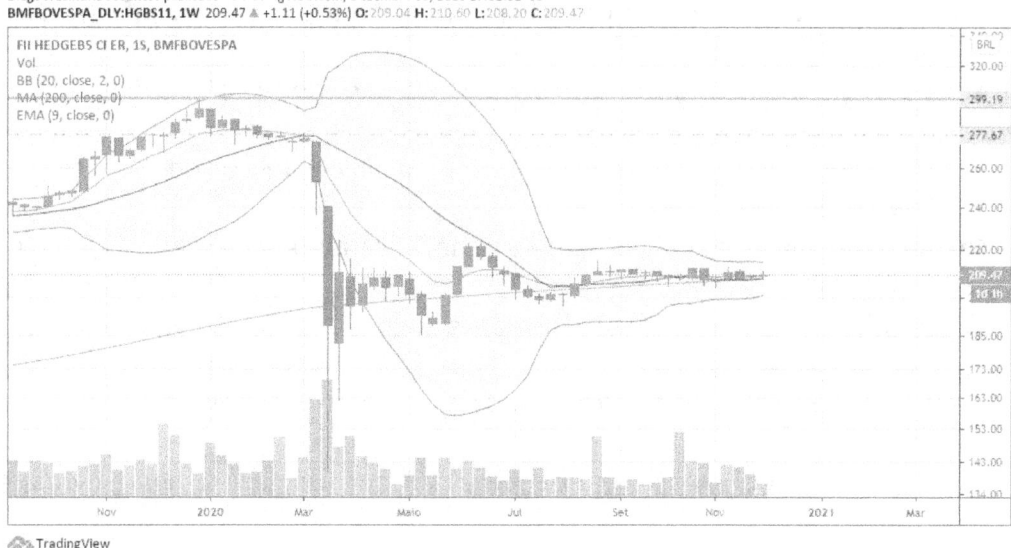

E antes de fechar esta série gratuita e nos vermos no livro "Investidor-Trader Lúcido" somente atualizo vocês que o estudo para o dólar e euro vai indo conforme esperado. Tivemos por fim a formação de um topo duplo e a formação do M. Lembra, fundo duplo desenha um W e topo duplo um M. Para compra procuramos a formação do W e quando temos um M sendo formado esperamos uma queda segundo a análise gráfica sob a óptica da "Metodologia Zen" após a análise holística de bolsas internacionais, commodities, índices DXY, IFNC, IMOB, etc...

Investidor-Trader Lúcido: Integrando Estratégias "Opostas" na Bolsa de Valores

Diego Tresinari Ph.D.

Assim, que quem vem seguindo o Informe "Investido-Trader Lúcido" ou está ganhando com esta desvalorização do dólar tendo iniciado a operação em R$ 5,60 (agora está em R$ 5,12, ganhando 8,5% em 5 semanas) ou viu que o dólar reverteu tendência de alta para baixa e está esperando um bom momento para comprar dólares para viajar ou investir. Ou mesmo se vem seguindo sempre o conteúdo publicado na página do Centro de Estudos Financeiros – Consultoria Financeira Independente e leu a publicação que fiz no dia 12 de outubro (veja abaixo) vem usando esta informação para aumentar a confiança em comprar ações de empresas na bolsa de valores, assim como vínhamos fazendo ao inicialmente termos somente BBAS3, depois inserirmos SANB11 e por último YDUQ3 e BRML3 e por fim fechamos o carrinho de compras e em seguida já abrimos o guarda-chuva para esperar a tempestade que pode acontecer.

Centro de Estudos Financeiros - Consultoria Financeira Independente
Publicado por Diego Tresinari Dos Santos · 12 de outubro

Topo Duplo no dólar e no euro ao mesmo tempo, correção à vista no juros longos, Índices IBOV, IFNC, IMOB, etc apontando para alta, ETF Brasileira EWZ negociada nos EUA em alta, será que todos os astros se alinharam para acontecer o raro (1 vez ao ano em média) eclipse na bolsa (rali de fim de ano)? Veja os próximos Informes gratuitos para melhoria de sua Educação Financeira. #educacaofinanceira #independenciafinanceira #liberdadefinanceira #bolsadevalores #fundosimobiliarios... Ver mais

E será que o dólar chega nos R$ 4,80 que eu havia mencionado em um informe passado? Naquele momento para a maioria das pessoas eu parecia um louco dizendo isso. Mas agora tem muitos experts, entendidos, economistas acadêmicos com Ph.D.s que nunca fizeram um investimento em renda variável na vida que estão falando de dólar a R$ 4,00. Será? Talvez. Nunca se sabe, porém seguimos fazendo nossos estudos financeiros e nunca como Investidores-Traders Lúcidos compramos quando temos a possibilidade de formação gráfica de um topo duplo M. Compre de maneira parcelada na formação de um W. Vai por mim que dá certo. Ops... Esqueci que vocês viram com seus próprios olhos que dá certo, né?

Diego Tresinari Ph.D.

Espero que vocês venham de grão em grão aumentando a sua Educação Financeira. E quem quiser fazer mentorias financeiras individuais ou participar dos próximos cursos (temos duas opções: o "Trader Lúcido" e o "Investidor Lúcido") é só me chamar pelo WhatsApp: (19) 99805-0484 ou pelo página do Centro de Estudos Financeiros (www.facebook.com.br/centrodeestudosfinanceiros).

Bons estudos financeiros e até breve.

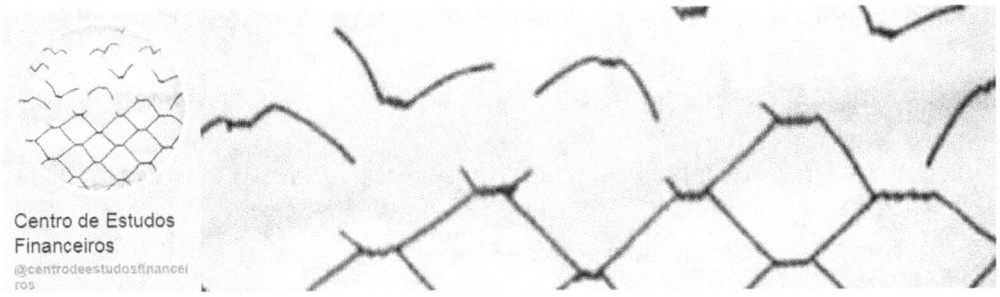

CONSIDERAÇÕES FINAIS SOBRE A SÉRIE DE INFORMES "INVESTIDOR-TRADER LÚCIDO"

Para finalizar a série de Informes "Investido-Trader Lúcido" irei falar um pouco sobre a escolha do título deste livro (Se você está lendo esta parte do documento, então, você adquiriu o livro na Amazon, né?).

Então, eu fiquei em dúvida se iria colocar como título: Investidor-Trader Lúcido: Acabando com a Polarização no Mundo dos Investimentos ou Investidor-Trader Lúcido: Integrando Estratégias "Opostas" na Bolsa de Valores. Porém, ao refletir sobre primeiro subtítulo "Acabando com a Polarização no Mundo dos Investimentos" cheguei a conclusão que ele era muito utópico. E por este mesmo motivo eu o selecionei. Eu acho que merece ser incentivado idéias que dificilmente irão se concretizar, que busquem um aumento de consciência e ruptura da visão polarizada que principalmente nossa mente ocidental Cristã-Hollywoodiana têm, isto é, que pensa em Céu versus Inferno, Deus versus Diabo, Bem versus Mau, Bonzinho versus Vilão, Polícia versus Bandido, etc.

Porém, o subtítulo um pouco mais realista: Integrando Estratégias "Opostas" na Bolsa de Valores, também seria um bom título pois possuía uma pitada de ironia. Ao colocar o termo Opostas entre aspas a minha idéia era demonstrar que não há verdadeiramente uma oposição na visão estratégica do Investidor e do Trader, pois ambos buscam a mesma coisa: isto é, lucro e dinheiro (não precisamos ser hipócritas aqui, né?). O que acontece é em muitos casos há a aplicação de somente um das ferramentas de análise dos investimentos: Análise Fundamentalista para o Investidor e Análise Gráfica para o Trader.

Para vocês terem uma Idéia eu ao tentar divulgar o evento gratuito "Semana Solidária" (Curso Trader Lúcido) em grupos nas redes sociais, por deslize li alguns posts. Falo por deslize, pois eu não leio e nem recomendo nenhum de meus mentorados nem ler notícias, nem fóruns com opiniões de outras pessoas e dicas de especialistas ou de pessoas bem intencionadas (o mundo está cheio, né?), porém o "diabinho" me tentou e li alguns posts por deslize. O bom é que graças a leitura destes posts que consegui pensar na analogia dos motociclistas (Traders) e dos motoristas de carros (Investidores) nas ruas de São Paulo. E reutilizando esta analogia os posts eram como motociclistas indo em um evento (grupos do Facebook) de amantes dos carros (tipo feira do automóvel que acontece em São Paulo ou festa do fusca que acontece em algumas cidades do interior) falar: "sabe aquele trânsito de 4 horas (Crash na Bolsa: desvalorização muito rápido das cotações das ações) na marginal pinheiros no dia X? Eu com a minha moto eu passei por ele em 10 minutos (fazendo Day-trade)". E vice-versa, vi amantes de carros (Investidores Buy and Holders) se vangloriando nos grupos dos motociclistas por terem comprado ações da Magazine Luiza (MGLU3) anos atrás e ainda não ter tido a impaciência de vendê-las (como a maioria dos Traders que no máximo fazem Swing-trade, compras e vendas com duração de dias).

Diego Tresinari Ph.D.

Obviamente, vocês devem ter imaginado que brigas virtuais devem ter acontecido. Sim, muitas. Mas eu como um observador neutro pensei por quê não contar para as pessoas como eu venho Integrando Estratégias "Opostas" na Bolsa de Valores desde 2013? E quizá, com este meu relato possa ter uma esperança de acabarmos com esta polarização no mundo dos investimentos, pois ambos lados perdem. Visão ampla não faz mal a ninguém. E aqui estou eu, contando na forma deste livro, cursos e principalmente mentorias individuais.

E para fechar o livro e demonstrar para vocês que além de redução de estresse a minha "Metodologia Zen" (E o termo Zen que escolhi para dar nome a metodologia, vem do Zen Budismo em que reforça que Buda concluiu depois de anos experimentando que vale a pena seguirmos sempre pelo caminho do meio se afastando das opções extremadas/polarizadas que nossa mente pendular tende a escolher) também faz sentido em termos de rentabilidade irei apresentar os fechamento das Operações que tínhamos em aberto e o balanço final.

Finalizando a Operação no Mercado Futuro (Desvalorização do Dólar)

Conforme mencionado no informe no mês anterior (Publicado no começo deste mês, Dezembro/2020 – Mês referencia Novembro/2020) em 2 de novembro de 2020 uma ordem automática de venda no dólar foi executada ao valor de R$ 5,60. Na data do informe passado o dólar estava em R$ 5,12, ganhando 8,5% em 5 semanas e a operação estava ativa, porém anteontem 21 de dezembro (hoje quando escrevo é dia 23) a ordem automática de Stop para garantir os lucros foi executada à R$ 5,14 (no mercado futuro não realizo vendas parceladas, pois entendo que há um risco maior do que com Ações ou FIIs uma vez que não há ativos reais envolvidos, além do mercado futuro ser um mercado intrinsecamente alavancado), fazendo com que tivéssemos um lucro embolsado de 8,21 % (5,60-5,14/5,60*100 = 8,21 %) em 7 semanas. Assim que tivemos a nossa terceira operação de Desvalorização do Dólar finalizada.

Diego Tresinari Ph.D.

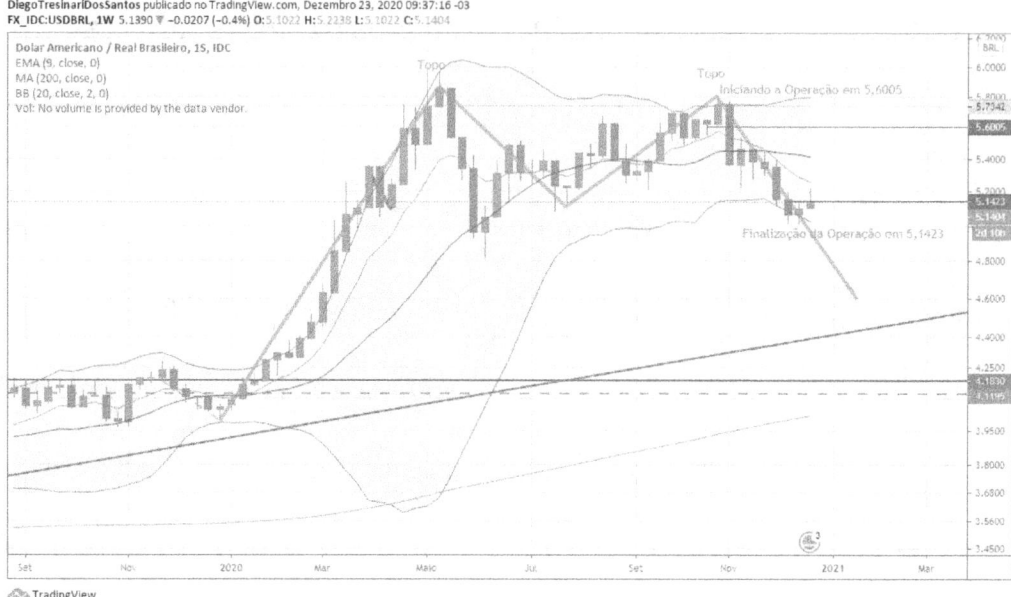

Relembrando que tivemos a primeira operação com 8,90 % durante os dias de 22/05 a 15/06, aproximadamente 3 semanas; a segunda no zero a zero, isto é, sem lucro ou prejuízo durante os dias de 24/07 a 31/07, 1 semana.

Para fins de balanço final, eu especificamente não considero estes tempos de 3 semanas e 7 semanas nas operações que deram lucro, pois acho que daria uma visão muito destorcida da realidade. Pois, alguém mais leigo poderá cair na ilusão de pensar ao ler este livro: "Nossa ele fez somente 3 Operações no Mercado Futuro, acertou duas e errou 1 sem perda de dinheiro estando posicionado (com a operação em curso) durante 11 semanas (Primeira Operação: 3 semanas; Segunda: 1 semana; Terceira: 7 semanas) (menos de 4 meses) e ganhou 17,11 % (Primeira Operação: 8,90 %; Segunda: 0; Terceira: 8,21 %). Daí, que anualizando esta rentabilidade por 4 meses (meses posicionados) daria 51,33 % ao ano."

Porém, o certo a se fazer é pensar no tempo total que eu fiquei olhando o mercado e não somente o período posicionado. No caso foram 7 meses, pois eu estudei o mercado durante todas as sextas-feiras a tarde desde 22/05/20 até 21/12/20 para atingir este lucro. Assim, que ao anualizarmos a rentabilidade temos que fazer a multiplicação da rentabilidade por 12/7 (1,71X) e não 12/4 (3X), o que daria 29,33 % ao ano. Mas mesmo assim é uma boa rentabilidade, né? Sim, com certeza é. Mas na minha opinião Mercado Futuro é muito perigoso e somente deve ser utilizado para pessoas com um nível de conhecimento, controle emocional e experiência avançado, pois é um mercado alavancado, isto é, você consegue obter uma rentabilidade em cima de um capital que não é seu, por exemplo, para eu ter direito de negociar R$ 50.000 eu preciso somente deixar R$ 5.000 na conta da corretora como garantia, mas todo o lucro ou prejuízo será em cima dos R$ 50.000. E mesmo assim, eu acho que este mercado poderia ser usado de maneira complementar aos seus lucros obtidos com Ações da Bolsa de Valores, FIIs e até Criptomoedas, e não de maneira exclusiva se você tiver interesse para este último mercado.

Eu mesmo não tenho usado muito o mercado futuro atualmente por gostar mais de fazer compras e/ou vendas parceladas, tipo "Metodologia Zen Roots". Zen mesmo. Se der errado uma compra de um Ação ou FIIs eu gosto de ter a opção de poder manter o ativo, pois como eu fiz a análise fundamentalista antes eu sei que o ativo é bom em termos de fundamentos e somente ainda "não caiu no gosto" do mercado e por isto não se valorizou, ou ainda não chegou no "dividend yield" que as pessoas mais conservadoras com maior quantidade de dinheiro julgam ser atrativo para elas. Algo deste tipo aconteceu com as ações de Banco do Brasil (BBAS3), em que ficamos temporariamente com um pequena desvalorização. Já no caso de SANB11 e YDUQ3 acertamos na mosca. Mas saiba que não é sempre assim. E para demonstrar isto tivemos por último o caso de BRML3 que não deslanchou nada possivelmente com a questão do fecha-abre os shoppings durante a pandemia, etc. Porém o que faz mais sentido, é avaliarmos a combinação de todos os investimentos/operações que fazemos. E é o que faremos nas sessões seguintes.

Finalizando os Investimentos em Ações

Hoje é dia 23/12/20. Apesar de hoje ser uma quarta-feira e não sexta como temos feriado de Natal na quinta e sexta o que fizemos sempre às sextas nessa semana estamos tendo que fazer hoje. Daí que percebo que além da execução da minha ordem automática de compra no mini-contrato de dólar (WDOF21) com vencimento em 04/01/21 para finalizar um operação de venda, vejo que com as ações no mesmo dia 21/12/20 (segunda-feira) foram executadas as minha ordem de venda SANB11 e BBAS3.

Como eu havia indicado previamente eu iria seguir a "Metodologia Zen Roots" que se baseia tanto em compras parceladas como em vendas parceladas. No caso, então, como já estávamos posicionados/comprados a

Diego Tresinari Ph.D.

minha ordem automática estava configurada para vender somente 50 % da quantidade de ações que tinha. Assim que em SANB11 tivemos a venda acionada pela perda da mínima da semana passada (R$ 43,55) (Candle vemelho se formou no dia 18/12/20, olha o martelo invertido aí gente!).

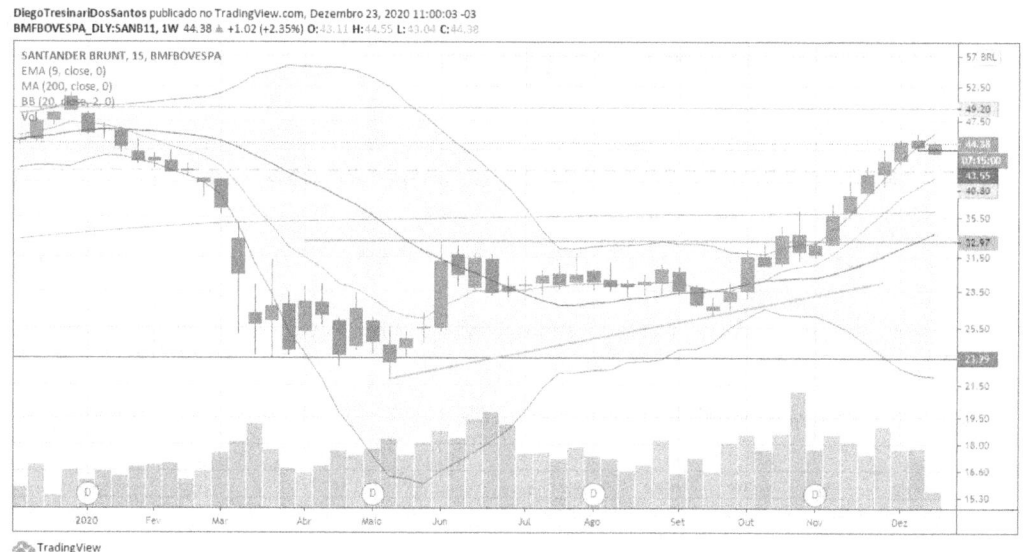

Já para BBAS3 apesar de o movimento não ter sido tão técnico (linguagem que utilizamos porquê a Análise Gráfica também é conhecida por Análise Técnica) com a formação prévia do Candle Martelo Invertido também tivemos a venda acionada ao as cotações estarem sendo negociadas abaixo da mínima da semana anterior (R$ 38,24) em que 50 % das ações que tínhamos foram vendidas.

Investidor-Trader Lúcido: Integrando Estratégias "Opostas" na Bolsa de Valores

Abaixo segue o gráfico do Índice Bovespa, que é um Índice definido com o preço das cotações das empresas listadas na Bolsa com maior volume de dinheiro negociado. Conforme já demonstrado em informes anteriores na "Metodologia Zen" temos a inclusão não somente do estudo gráfico semanal do ativo que passou nos testes de Análise Fundamentalista, mas sim também o estudo holístico do gráfico do índice Bovespa, dólar, curva de juros longos, bolsas do exterior e commodites. Assim que ao visualizarmos o IBOV vemos que ele está atingindo um alvo extremamente importante (indicado pela linha horizontal no topo do gráfico). Se vc olhar no caso de SANB11 o valor de uma minha análoga seria em R$ 49,20, mas ainda estamos em R$ 44,38 neste ativo. Assim que se olharmos por SANB11 e até BBAS3 que está em R$ 38, mas a linha horizontal análoga está em R$ 51, o IBOV ainda teria possibilidade de subir. Ou não! Daí que a realização parcial em SANB11 e BBAS3 fez sentido, porém para mim também faz sentido deixar a outra fração comprada até que tenhamos a configuração de uma correção mais forte do mercado. Você pode ver que o Índice Bovespa em Março estava próximo dos 60.000 pontos e hoje está próximo dos 120.000, isto representa um ganho de 100 % em 9 meses. Assim, que colocando este óculos podemos ver que talvez haja uma possibilidade de queda forte. E ao colocarmos na balança Queda Forte X Subida Forte, possa fazer mais sentido que Queda Forte ganhe, porém se colocarmos na balança Queda Fraca X Subida Fraca, possa ser que Subida Fraca ganhe. Daí que a estratégia de vendas parceladas de tudo que estudei e testei foi a melhor que posso lhes ensinar pelo simples fato de o futuro ser sempre incerto.

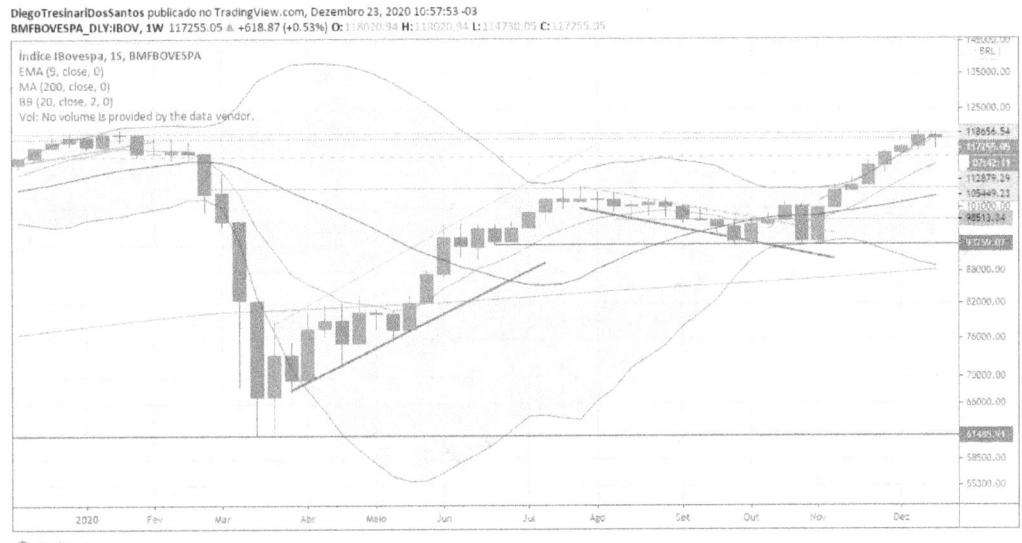

E quanto a YDUQ3? O Stop automático dela foi acionado durante a semana passada (14-18 de dezembro) sendo 50 % das ações vendidas, porém no dia 18 (sexta) durante o período da tarde próximo ao horário do fechamento (18 h) vi que o valor de cotação estava em (R$ 33,40) e iria fechar abaixo da semana passada (R$ 34,38) (linha horizontal roxa) assim que fiz a venda dos outros 50 % de maneira manual. Como em SANB11 e BBAS3 não tivemos esta última condição de fechamento abaixo do da semana anterior, hoje optei por manter as minhas ações remanescentes e esperar o desenrolar nas semanas seguintes.

Diego Tresinari Ph.D.

E para BRML3 também tivemos o mesmo comportamento que YDUQ3. E ao perder R$ 10,34 (2 centavos abaixo da mínima da semana indicada com linha horizontal roxa) primeiro a ordem automática foi acionada durante a semana passada e na sexta passada fiz também a venda dos 50 % remanescentes manualmente.

Assim que para YDUQ3 tive a venda de 50 % a R$ 34,34 ao acionar o gatilho de venda a R$ 34,36 e a outra metade foi vendida manualmente ao preço de R$33,40, resultando em um preço médio de venda de R$ 33,87 (34,34+33,40/2=33,87). Como a compra ocorreu de uma vez só a R$ 25,50 tive um lucro de R$ 8,37 (33,87-25,50=8,37) por ação, o que representa um lucro percentual de 32,82 % (8,37/25,50*100=32,82%) em 6 semanas. Já com BRML3 que teve o seu tempo de duração de investimento também de 6 semanas o lucro foi bem menor: 3,3% (10,33-10/10*100=3,3%). Conforme pode ser visto pelo gráfico de acima, parece que a média exponencial de 9 períodos (EMA, cor azul) está segurando a cotação de BRML3, o que ainda demonstra que a tendência de alta deve continuar, porém como estou seguindo à risca a "Metodologia Zen Roots" com vendas parceladas primeiramente de maneira automática e o restante de maneira manual ao perder a mínima da semana anterior para mostrar para vocês a aplicabilidade desta estratégia eu finalizei este investimento. Ademais, eu já havia indicado em informes anteriores que esta falta de força em BRML3 eu não estava gostando muito.

Porém, esta estratégia de usar a pouco mencionada até o momento média exponencial de 9 períodos (EMA, cor azul) faz sentido para ativos como BRML3 (mais lentos que SANB11, BBAS3 e YDUQ3) e Fundos Imobiliários, assim que, o seguimento dos investimentos em HGRE3 e HGBS11 serão feitos ano que vem seguindo esta estratégia que chamo de "Metodologia Zen Flow". O termo Flow foi escolhido por usar uma estratégia um pouco mais fluida que a "Metodologia Zen Roots" com compras e/ou vendas parceladas com perdas de máximas da semana anterior lançando ordens de compra e perdas de mínimas da semana anterior lançando ordens de venda, respectivamente. Para esta continuidade irei trocar o nome do Informe de Investidor-Trader Lúcido para Imóveis com Lucidez. Nele além de demonstrar a dinâmica do investimento em fundos imobiliários, irei falar também sobre a minha experiência de investimento em imóveis diretamente (terrenos, apartamentos, etc). Já quanto a aplicação da "Metodologia Zen" para Day-trading que havia mencionado que iria detalhar durante os Informes "Investido-Trader Lúcido", eu decidi não fazê-lo pois assim como há uma necessidade de adaptação na metodologia para aplicar à gráficos de ativos mais lentos, o mesmo também se deve para gráficos com comportamento mais rápidos como os intradiários (usado para fazer Day-trading). Numa próxima oportunidade eu farei o detalhamento da "Metodologia Zen View" (Metodologia Zen aplicada ao Day-trading que se baseia no uso de uma visão mais acurada que consegue visualizar rapidamente algumas figuras gráficas como o W, M, etc. durante a sua formação e se posiciona de maneira bastante seletiva).

Balanço Final

Diego Tresinari Ph.D.

Conforme mencionado anteriormente, para termos um balanço final do resultado do uso da "Metodologia Zen" aplicado à contrato de dólar no mercado futuro, bem como no mercado à vista de ações não podemos ficar com a idéia de ver o lucro e o tempo do investimento/operação um a um para não termos uma idéia destorcida.

Para efeito de cálculo temos que levar em conta o tempo todos que ficamos convivemos através dos Informes, isto é, 7 meses. Assim que na tabela a baixo segue um resumo de todos os investimentos/operações. A operação que resultou em lucro envolvento Criptomoedas descrita nos primeiros informes não entrou no cálculo abaixo por ter sida iniciada por um mentorado e não por mim. Eu somente ajudei no plano de saída desta operação, isto é, em uma das partes.

Capital (R$ 5.000 de garantia em cada mini-contrato; R$ 5.000 deixado para cobrir ajustes R$ 10.000 total)	Lucro (%)		Capital (R$ 10.000 em cada; R$ 40.000 total)	Lucro	
Dólar/Operação 1	8,90%	R$ 4.450 (8,90% X 50.000)	Ações/BBAS3	Min 14,46%	R$ 1.446
Dólar/Operação 2	0	0	Ações/SANB11	50,10%	R$ 5.010
Dólar/Operação 3	8,21%	R$ 4.105 (8,21% X 50.000)	Ações/YDUQ3	32,82%	R$ 3.282
			Ações/BRML3	3,3%	R$ 330
Lucro Total (R$)		R$ 8.555			R$ 10.068
Rentabilidade total em 7 meses sem mercado futuro (R$ 10.068/R$ 40.000)	Min 25,17%	Rentabilidade anualizada sem mercado futuro	Min 43,15 %		
Rentabilidade total em 7 meses com mercado futuro (R$ 10.068+8.555/R$ 50.000)	Min 37,24%	Rentabilidade anualizada com mercado futuro	Min 63,84 %		

Diego Tresinari Ph.D.

Para BBAS3 e SANB11, que ainda não foi finalizado por completo o investimento, usei a terminologia Min pois semana após semana irei subir a ordem Stop automática, o que garantirá que um mínimo de lucro de 14,46 % em BBAS3 (Compra a R$ 33,39 venda de 50 % R$ 38,22; 38,22-33,39/33,39*100 = 14,46 %) e 50,10 % em SANB11 (Compra a R$ 29 venda de 50 % R$ 43,53; 43,53-29/29*100 = 50,10 %), seja obtido, respectivamente. Caso eu tivesse optado pela venda total automática esta semana daí o valor do lucro seriam estes exatamente. Assim, que a rentabilidade total da carteira com estes 4 ativos que estudamos foi de um mínimo de 25,17 %, o que se anualizarmos representaria 43,15 % (o que está bem dentro da minha média anual desde 2013, assim que fico feliz em conseguir demonstrar para vocês algo bem realista neste formato tipo Reality Show deste projeto educacional) e ao considerarmos os ganhos com os mini-contratos de dólar usando somente 1 contrato (R$ 50.000) (menor quantidade possível, pensando em um iniciante no mercado futuro): deixando R$ 5.000 de garantia na conta da corretora e outros R$ 5.000 para deixar de saldo na conta e outros R$ 40.000 reais para a compra dos 4 ativos (BBAS3, SANB11, YDUQ3 e BRML3, R$ 10.000 em cada) a rentabilidade seria de de um mínimo de 37,24 %, o que se anualizarmos representaria 63,84 %. Em termos de dinheiro, aplicando R$ 50 mil a 7 meses atrás seguindo a metodologia descrita aqui, conseguiríamos R$ 10.068 com os 4 investimentos em ações e R$ 8.555 com as 3 operações de desvalorização do dólar, totalizando R$ 18.623, o que daria uma renda mensal durante os 7 meses de R$ 2.660 (R$ 18.623/7). E se o capital inicial fosse R$ 100.000, a renda mensal projetada seria R$ 5.320.

Diego Tresinari Ph.D.

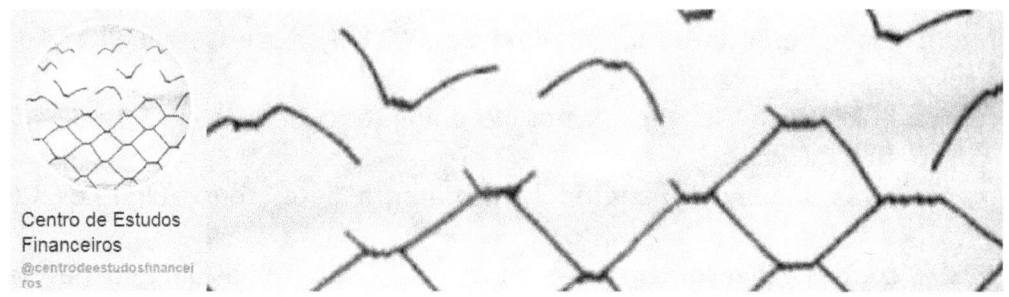

CENTRO DE ESTUDOS FINANCEIROS (CONSULTORIA FINANCEIRA INDEPENDENTE)

O Centro de Estudos Financeiros (CEF) é um centro de desenvolvimento pessoal e educação financeira localizado no centro de Barão Geraldo, Campinas, que tem como objetivo ajudar as pessoas a encontrarem sua lucidez financeira. As 6 ciências norteadoras do CEF são:

1. Analise Gráfica/Técnica dos preços dos ativos;

2. Analise Fundamentalista de empresas e fundos de investimentos imobiliários (Fiis);

3. Análise de cenários macroeconômicos nacional e internacional;

4. Engenharia econômica aplicada à renda fixa, tesouro direto/imóveis/juros compostos/criação de indicador econômico pessoal;

5. Ayurveda para o autoconhecimento;

6. Mindfulness para auto-análise;

O funcionamento do centro se dá através do agendamento de mentoria/consultoria individualizada presencial ou on-line pelo valor de 200 reais por 1 hora e meia no tema desejado pelo interessado. Se o cliente quiser comprar um pacote com 3 sessões daí o valor de cada sessão cai para 150 reais. Com este pacote o cliente consegue ter um aprendizado completo sobre um determinado tema que ele deseja aprender (por exemplo, investir em Fundos de Investimentos Imobiliários ou Ações da Bolsa de Valores usando às Análises Fundamentalistas e Gráficas concomitantemente, etc.). Para o uso deste pacote o cliente tem até um ano para fazer as 3 sessões. De maneira mais comum o cliente prefere fazer

1 sessão por mês ou a cada 15 dias para dar tempo de absorver tudo o que trabalhamos na sessão prévia.

Também há a possibilidade de aprendizado em grupo via cursos on-line ou presencial. Há dois tipos de curso: o "Investidor Lúcido" (6 h, R$ 250) e o "Trader Lúcido" (10 h, R$ 400).

Contato: diego_tresinari@yahoo.com.br ; Tel/WhatApp: (19) 9.9805-0484; www.centrodeestudosfinanceiros.com.br

FAQ - Perguntas e Respostas Freqüentes

Com o objetivo de fornecer esclarecimentos acerca dos serviços que o Centro de Estudos Financeiros realiza seguem algumas das Perguntas Freqüentes que costumo responder.

1) **Irei sair do seu atendimento com o dinheiro já aplicado em um ótimo investimento? Como você trabalha?**

Não, eu trabalho de uma maneira diferente dos principais profissionais que trabalham com o tema Investimentos. De maneira geral temos 2 profissionais que atendem às pessoas: o Gerente de Banco e o Assessor de Investimento de Banco ou Corretora. Porém em comum eles têm a mesma abordagem de te deixar dependente das recomendações deles, além do conflito de interesse que acontece ao eles serem pagos por corretagem sobre o produto financeiro (CDB, Fundo DI, Plano de Previdência Privada, Seguro de Vida, etc.) que eles te venderem (assim que de maneira mais comum eles são tentados a te recomendar o produto financeiro que dê melhor corretagem para eles, geralmente Fundos de Investimentos em Ações ou Multimercado). Eu já atuo com uma ótica de te deixar independente de mim e sem conflito de interesse algum, uma vez que eu cobro por tempo gasto em ficar disponível para te atender no tema financeiro que você quiser aprender. Assim como eu orientava alunos de Mestrado e Doutorado em seus respectivos estudos quando atuava como Pesquisador Acadêmico, eu proponho um estudo Financeiro da sua saúde financeira em que você é o "Doutorando" e eu o "Orientador/Supervisor/Mentor" deste estudo, que tem como resultado a melhoria e o entendimento dos seus problemas financeiros e/ou potencialização dos seus ganhos através de melhores investimentos.

2) E se eu somente quiser seguir no padrão comum de você cuidar da minha saúde financeira, tudo bem? Você me atende?

Sim. Algumas pessoas vêm até mim com esta mentalidade e eu as atendo similarmente a um assessor de investimentos sem problemas. Agente faz o procedimento padrão de diversificar os seus investimentos em renda fixa, renda variável, etc... Porém, o que realmente começa a acontecer é que quando eu menciono esta outra possibilidade de abordagem, mais focada na independência e auto-responsabilização pela sua seu próprio problema de saúde financeira e obviamente pela sua própria capacidade de sanar-lo, a pessoa logo no segundo ou terceiro encontro já muda de atitude e começa a me pedir que cada vez mais que a ensine tudo que sei sobre Finanças e Investimentos. Assim, logo a assessoria/consultoria começa a se transformar no que eu chamo de acompanhamento/mentoria individualizada independente.

3) Assim você quer somente nos ensinar sobre Finanças e Investimentos?

Exatamente. O Centro de Estudos Financeiros é uma instituição educacional, porém que acredita no ensino individualizado e construído junto com alguém (mentor) que já superou problemas de saúde financeira similares. Assim as idéias "casa de ferreiro o espeto é de pau" ou "faça o que eu digo e não faça o que eu faço", etc. não se aplicam nos atendimentos do Centro. Eu utilizo o que está sendo ensinado pelos principais pesquisadores sobre Macroeconomia, Engenharia Econômica, Análise Fundamentalista e Análise Gráfica da cotação de Ativos com uma grande eficácia há anos, assim que pensei em compartilhar com à pessoas interessadas tanto estas ciências em si, como os resultados das experimentações que venho sistematicamente fazendo desde 2008. Eu cansei de ficar sendo o chato empolgado falando em grupos que não queriam ouvir nada do tipo: "sabe que realmente a nossa mente atua contra a nossa vontade de acumular dinheiro"; "sabe que poupar é mais importante que investir no começo da sua jornada financeira"; "sabe que investir na bolsa de valores não é um bixo de 7 cabeças assim"; "sabe que os japoneses e os americanos de antigamente estão certos que a análise gráfica funciona, realmente há padrões nos mercados financeiros assim como há estações climáticas"; "sabe que estou reparando que toda época do ano há um rali nas ações de empresas cotadas na bolsa de valores", etc.

4) E quais ferramentas você utiliza e orienta os teus "alunos/clientes" a testar?

As ferramentas são bastante variadas, que vão deste mudanças na rotina diária tais como separar o dinheiro para investir logo que o salário seja pago, observação do valor das cotações de alguns ativos para tentar encontrar padrões e etc. Para cada pessoa um tipo de ferramenta será mais efetivo, porém o segredo para ter resultados relevantes está justamente no uso combinado de várias ferramentas e técnicas de análise de investimentos. Por isto, um acompanhamento de quem já testou muito e é um estudioso/cientista/pesquisador por natureza seja oportuno.

5) E qual é a sua formação acadêmica?

Eu tenho graduação e doutorado na Área de Engenharia pela USP e Unicamp, respectivamente, e pós-doutorados na Suíça e Espanha na área de Engenharia Econômica, tendo atuado como pesquisador desde 2004. Ademais invisto nos mercados imobiliário e financeiro desde 2008.

6) E de quanto tempo são os seus encontros? Valor? Pode ser on-line? E se o meu caso financeiro é sério? E se não tenho dinheiro para investir, mas gostaria de aprender a ser Trader?

O tempo de duração dos encontros costuma ser de aproximadamente 1 hora e meia e o valor sessão de R$ 200,00 (se comprar via pacote, o valor cai para R$ 150). Sim podemos conversar on-line. Eu utilizo nos encontros on-line WhatsApp ou Messenger juntamente com Google Hangouts/Meet para poder ver a pessoa, enquanto compartilho as minhas anotações na tela do computador. Se o seu caso financeiro é sério melhor ainda. Eu adoro desafios e ajudar pessoas a sair de entraves financeiros mais comuns como: tirar dinheiro da poupança pois não rende nada; vencer o medo de começar a investir em ações; quando comprar imóveis; comprar ou alugar uma casa, etc. estão me entediando um pouco. O que mais me está motivando recentemente é um caso de um homem que tem uma aversão enorme a enriquecer e de outro que costuma falir todo negócio que entra. Assim que para estes casos além das ciências exatas-probabilísticas que utilizo eu recorro a ajuda da ciência humana-comportamental Psicologia Ayurvédica. Se você deseja se tornar um Trader também posso te ajudar nesta sua jornada. Eu já treinei algumas pessoas com este objetivo sendo que alguns optaram por fazer Trades com Bitcoin e outras criptomoedas e outros de fazer Day-trade no mercado futuro ou em Opções na bolsa de valores.

7) **Em quanto tempo de Mentoria Individual eu consigo me tornar um Investidor Profissional?**

Pela experiência que venho tendo ao dar mentoria à diferentes perfis de pessoas tenho visto que em média após 3 sessões de 1 h e meia (R$ 150 cada sessão; R$ 450 por 3 sessões) a pessoa já sai com um nível intermediário de conhecimento (Por exemplo: já aprende Renda Fixa pré-fixada, Fundos Imobiliários e Imóveis). Ao realizar outras 3 sessões (R$ 450 por 3 sessões; totalizando R$ 900 por 6 sessões) daí o nível de conhecimento sobe para o nível avançado (Por exemplo: já aprende Ações, Análise Fundamentalista, Análise Gráfica, etc.). E se a pessoa desejar atingir um nível análogo ao que definimos com idiomas: nível fluente em investimentos, daí ela poderia fazer mais 3 sessões (R$ 450 por 3 sessões; totalizando R$ 1.350 por 9 sessões) (Por exemplo: já aprende Mercado Futuro, Análise Gráfica Avançada, Criptomoedas, Day-trading, etc.). Assim que, eu comparo o preço de 4-5 mil reais que alguns educadores financeiros vem cobrando por cursos on-line ao pacote de 9 sessões no valor de R$ 1.350 em termos de quantidade de conteúdo, porém com as inúmeras vantagens além do preço mais reduzido: 1) eu não cobro pelo pacote e sim por sessão, daí que se vc somente desejar fazer 1 sessão ou 3 para aprender somente determinado tema, tudo bem; 2) a minha abordagem é totalmente individualizada diferente da maioria dos mentores que fazem sessão de mentoria em grupo, daí que eu tenho pessoas que fazem mentorias há mais de 1 ano, que vão marcando sessões, aplicando o conhecimento no mercado financeiro, ganhando dinheiro com ele e pagando as próximas sessões com este mesmo dinheiro ganho no mercado, fazendo um ciclo virtuoso de aprendizado-lucro-aprendizado-lucro.

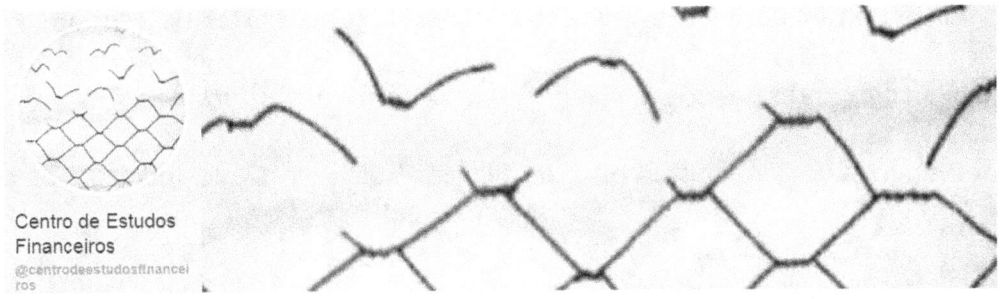

GLOSSÁRIO – TIPOS DE INVESTIMENTOS DISCUTIDOS (Tesouro Direto)

"Emprestando Dinheiro para o Governo Federal" - (https://www.tesourodireto.com.br/)

Tesouro Direto é um Programa do Tesouro Nacional desenvolvido em parceria com a B3 para venda de títulos públicos federais para pessoas físicas, de forma 100% online.

Lançado em 2002, o Programa surgiu com o objetivo de democratizar o acesso aos títulos públicos, permitindo aplicações a partir R$ 30,00.

O Tesouro Direto é uma excelente alternativa de investimento pois oferece títulos com diferentes tipos de rentabilidade (prefixada, ligada à variação da inflação ou à variação da taxa de juros básica da economia - Selic), diferentes prazos de vencimento e também diferentes fluxos de remuneração. Com tantas opções, fica fácil achar o título indicado para realizar seus objetivos!

Além de acessível e de apresentar muitas opções de investimento, o Tesouro Direto oferece boa rentabilidade e liquidez diária, mesmo sendo a aplicação de menor risco do mercado.

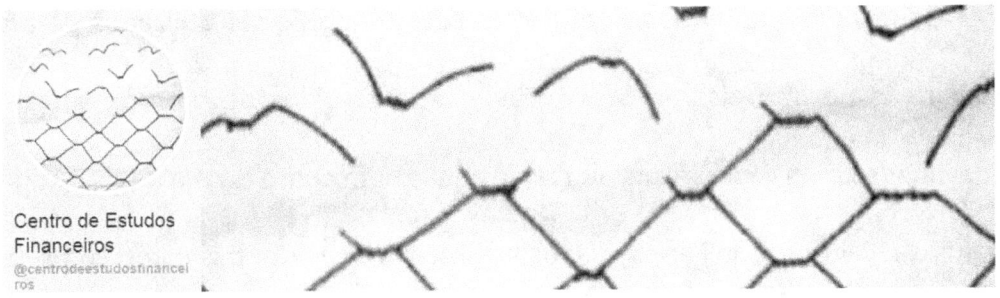

GLOSSÁRIO – TIPOS DE INVESTIMENTOS DISCUTIDOS
(Fundos de Investimentos Imobiliários, FIIs)

"Virando dono de grandes Imóveis e recebendo parte de seus aluguéis" – (http://www.b3.com.br/pt_br/produtos-e-servicos/negociacao/renda-variavel/fundos-de-investimento-imobiliario-fii.htm)

O Fundo de Investimento Imobiliário (FII) é uma comunhão de recursos destinados à aplicação em ativos relacionados ao mercado imobiliário. Cabe ao administrador, uma instituição financeira específica, constituir o fundo e realizar o processo de captação de recursos junto aos investidores através da venda de cotas.

Os recursos captados na venda das cotas poderão ser utilizados para a aquisição de imóveis rurais ou urbanos, construídos ou em construção, destinados a fins comerciais ou residenciais, bem como para a aquisição de títulos e valores mobiliários ligados ao setor imobiliário, tais como cotas de outros FIIs, Letra de Crédito Imobiliário (LCI), Certificado de Recebíveis Imobiliários (CRI), ações de companhias do setor imobiliário etc.

Todo FII possui um regulamento que, dentre outras disposições, determina a política de investimento do fundo. A política pode ser específica e estabelecer, por exemplo, que o FII invista apenas em imóveis prontos destinados ao aluguel de salas comerciais, ou ser genérica e permitir ao fundo adquirir imóveis prontos em geral ou em construção, os quais poderão ser alugados ou vendidos.

Com a aquisição dos imóveis, o fundo obterá renda com sua locação, venda ou arrendamento. Caso aplique em títulos e valores mobiliários, a renda se originará dos rendimentos distribuídos por esses ativos ou ainda pela diferença entre o seu preço de compra e de venda (ganho de capital).

Os rendimentos auferidos pelo FII são distribuídos periodicamente aos seus cotistas.

O FII é constituído sob a forma de condomínio fechado, em que não é permitido ao investidor resgatar as cotas antes de decorrido o prazo de duração do fundo. A maior parte dos FIIs tem prazo de duração indeterminado, ou seja, não é estabelecida uma data para a sua liquidação. Nesse caso, se o investidor decidir sair do investimento, somente poderá fazê-lo através da venda de suas cotas no mercado secundário.

Diego Tresinari Ph.D.

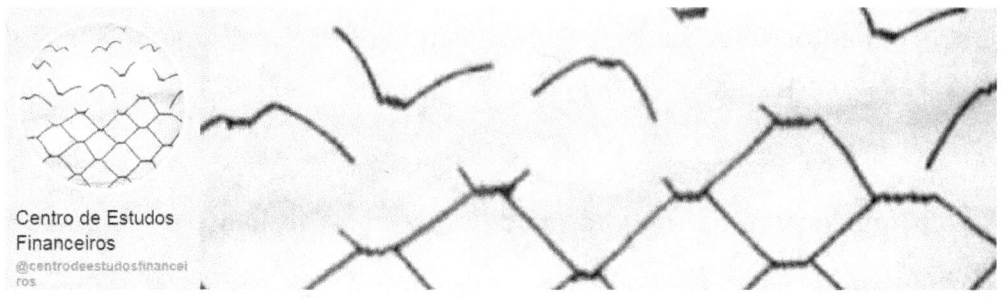

GLOSSÁRIO – TIPOS DE INVESTIMENTOS DISCUTIDOS (Ações)

"Virando sócio de grandes Empresas e recebendo parte de seus lucros" – (http://www.b3.com.br/pt_br/produtos-e-servicos/negociacao/renda-variavel/acoes.htm)

Ações são valores mobiliários emitidos por sociedades anônimas representativos de uma parcela do seu capital social. Em outras palavras, são títulos de propriedade que conferem a seus detentores (investidores) a participação na sociedade da empresa.

Elas são emitidas por empresas que desejam principalmente captar recursos para desenvolver projetos que viabilizem o seu crescimento.

As ações podem ser de dois tipos, ordinárias ou preferenciais, sendo que a principal diferença é que as ordinárias dão ao seu detentor direito de voto nas assembléias de acionistas e as preferenciais permitem o recebimento de dividendos em valor superior ao das ações ordinárias, bem como a prioridade no recebimento de reembolso do capital.

O primeiro lançamento de ações no mercado é chamado de Oferta Pública Inicial (também conhecido pela sigla em inglês IPO – Initial Public Offer). Após a abertura de capital e a oferta inicial, a empresa poderá realizar outras ofertas públicas, conhecidas como "Follow on".

As ofertas públicas de ações (IPO e Follow on) podem ser primárias e/ou secundárias. Nas ofertas primárias, a empresa capta recursos novos para investimento e reestruturação de passivos, ou seja, ocorre efetivamente um aumento de capital da empresa. As ofertas secundárias, por sua vez, proporcionam liquidez aos empreendedores, que vendem parte de suas ações, num processo em que o capital da empresa permanece o mesmo, porém ocorre um aumento na base de sócios

Diego Tresinari Ph.D.

A B3 criou segmentos especiais de listagem da companhias – Bovespa Mais, Bovespa Mais Nível 2, Novo Mercado, Nível 2 e Nível 1. Todos os segmentos prezam por rígidas regras de governança corporativa. Essas regras vão além das obrigações que as companhias têm perante a Lei das Sociedades por Ações e têm como objetivo melhorar a avaliação das companhias que decidem aderir, voluntariamente, a um desses níveis de listagem.

Além disso, tais regras atraem os investidores. Ao assegurar direitos e garantias aos acionistas, bem como a divulgação de informações mais completas para controladores, gestores da companhia e participantes do mercado, o risco é reduzido.

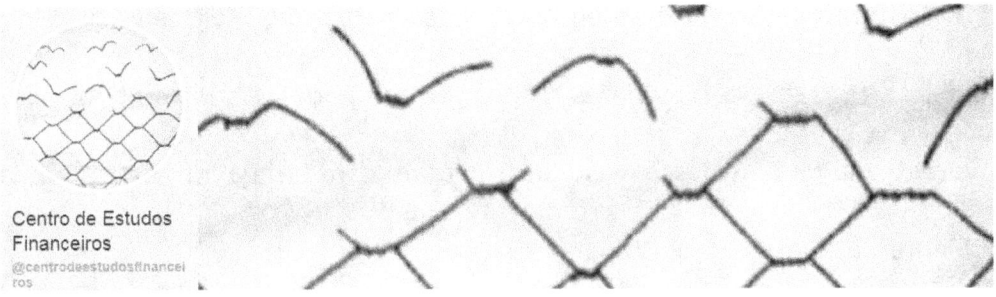

GLOSSÁRIO – TIPOS DE INVESTIMENTOS DISCUTIDOS
(Contratos no Mercado Futuro)

"Ganhando ou perdendo com a volatilidade dos valores do índice bovespa, dólar e etc." – (*http://www.b3.com.br/pt_br/produtos-e-servicos/negociacao/renda-variavel/mercado-de-acoes/mercado-futuro.htm*)

Os contratos futuros são ferramentas muito versáteis e dinâmicas, que atendem, com a mesma eficiência, a muitos tipos de investidores com interesses diferentes.

A B3 disponibiliza diversos contratos futuros e frequentemente cria novos contratos, quando identifica uma demanda de mercado.

Diego Tresinari Ph.D.

Os futuros são basicamente de quatro grandes segmentos: juros, moedas, índices e commodities. Todos sempre padronizados e negociados no mercado de bolsa. Os investidores contam com toda a infraestrutura da B3 antes, durante e depois da negociação.

A seguir, é listado os principais contratos e seus respectivos códigos:

Segmento	Contrato	Código de Negociação
Ações e Índice	Índice Bovespa Índice S&P500 Futuro de Ações	IND e WIN ISP e WSP B3SAO e outros
Taxa de Juros	Taxa DI Taxa Selic Cupom Cambial de DI Cupom de IPCA	DI1 DDI OC1 DAP IAP
Moedas	Dólar dos Estados Unidos Euro Libra Esterlina Iene Japonês Iuan Chinês Outras	DOL e WDO EUR GBR JAP CNY
Commodities	Boi Gordo Milho Café Soja Açúcar Etanol	BGI CCM ICF SFI ETN

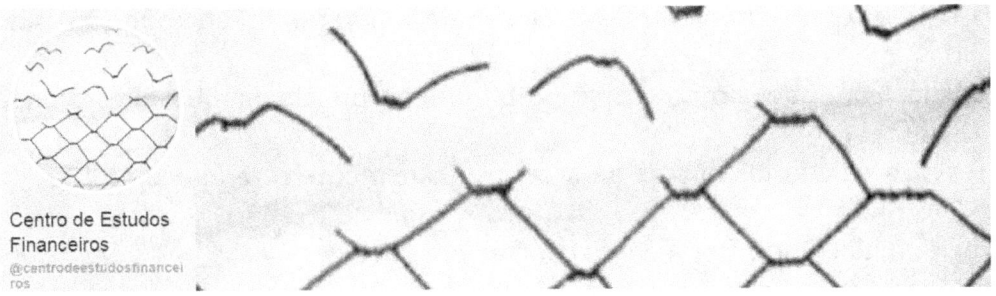

GLOSSÁRIO – TIPOS DE INVESTIMENTOS DISCUTIDOS (Criptomoedas)

"Ganhando ou perdendo com a volatilidade dos valores das Criptomoedas: Bitcoin, etc." – (https://pt.wikipedia.org/wiki/Criptomoeda)

Uma criptomoeda é um meio de troca, podendo ser centralizado ou descentralizado que se utiliza da tecnologia de blockchain e da criptografia para assegurar a validade das transações e a criação de novas unidades da moeda.

O Bitcoin, a primeira criptomoeda descentralizada, foi criado em 2009 por um usuário que usou o pseudônimo Satoshi Nakamoto. Desde então, muitas outras criptomoedas foram criadas. Mais recentemente, tem-se assistido a um fenômeno de explosão de inúmeros tokens que têm sido criados com base no protocolo do Ethereum, principalmente após a onda massiva de Ofertas Iniciais de Moedas (usualmente referida como ICO, do inglês Initial Coin Offering) que ocorreu em 2017.

Ao contrário de sistemas bancários centralizados, grande parte das criptomoedas usam um sistema de controle descentralizado com base na tecnologia de blockchain, que é um tipo de livro-registro distribuído operado em uma rede ponto-a-ponto (peer-to-peer) de milhares computadores, onde todos possuem uma cópia igual de todo o histórico de transações, impedindo que uma entidade central promova alterações no registro ou no software unilateralmente sem ser excluída da rede.

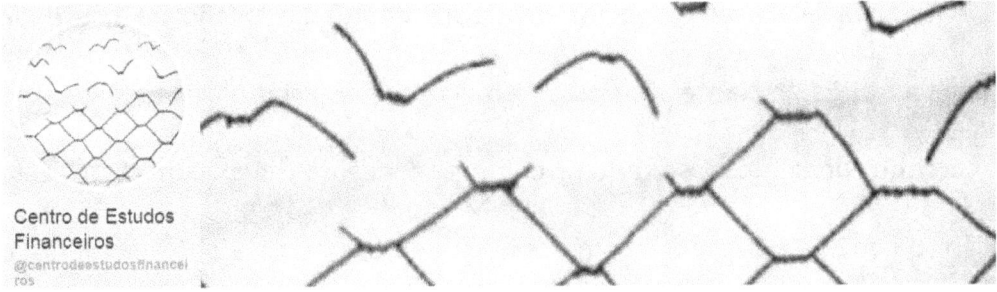

OUTROS LIVROS – Liberdade Financeira Ayurvédica: Insights de Minha Jornada

Liberdade Financeira Ayurvédica, originalmente publicado em inglês em março de 2020 com o título Ayurvedic Financial Freedom, é um livro sobre como você pode usar o melhor de si mesmo para se tornar financeiramente independente. Na direção oposta da maioria dos renomados livros e gurus do enriquecimento, este livro se concentra em saber que devemos assumir o controle de nossa vida financeira e buscar liberdade e paz interior. A etapa de autoconhecimento é conduzida usando os tradicionais sistemas orientais Ayurveda e Mindfulness para expor as ilusões da mente e trazer nosso corpo-mente de volta ao equilíbrio. O conhecimento dos 3 biotipos do Ayurveda, Vata, Pitta e Kapha, é usado para compreender nossa própria personalidade, a fim de expor nossas forças e fraquezas em relação à questões financeiras. O primeiro passo da jornada é abraçar nossa personalidade e usar o melhor dela para definir um plano de liberdade financeira. Estar ciente de nossas emoções, impulsos e necessidades no momento presente nos manterá com as rédeas na mão. Além disso, este livro o convida a descobrir como pode ser emocionante e surpreendente o caminho até chegar à liberdade financeira. Como pano de fundo, é utilizada minha própria jornada e experiência de liberdade financeira, o que resultou em muitos exemplos práticos e histórias engraçadas. Também são expostos alguns conceitos que pesquisei sobre engenharia econômica durante meu doutorado e estudos de pós-doutoramento.

(https://www.amazon.com.br/Liberdade-Financeira-Ayurv%C3%A9dica-Insights-Jornada-ebook/dp/B08LMZSWZT)

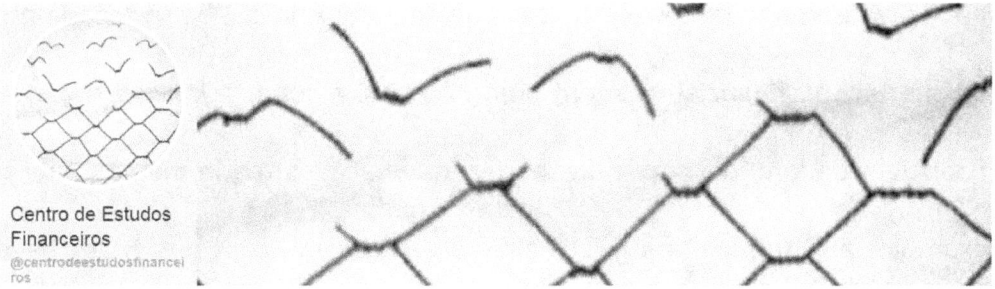

OUTROS LIVROS – Ayurvedic Financial Freedom: Insights From My Wealth Journey (Edição em Inglês)

Ayurvedic financial freedom is a book about how you can use the best of yourself to become financial free. In the opposite direction of most renowned get-rich-books and gurus, this book focus on knowing ourselves to take control of our financial life and search for freedom and inner peace. The self knowledge step is conducted using the ancient eastern systems of Ayurveda and Mindfulness to expose the illusions of the mind and to bring our mind-body back into balance. The knowledge of the 3 Ayurveda biotypes, Vata, Pitta and Kapha, is used to understand our own personality in order to expose our strength and weakness regarding money issues. The first step of the journey is embracing our personality and using the best of it to settle a financial freedom plan. To be aware of our emotions, impulses and needs in the present moment will keep us in the track. In addition, this

Diego Tresinari Ph.D.

book invites you to discover how exciting and amazing can be the road until arriving at the financial freedom point. As background, it is used my own financial freedom journey and experience, what resulted in many practical examples and funny stories. It is also exposed some concepts that I have researched about engineering economics during my Ph.D. and Postdoctoral studies. (https://www.amazon.com.br/Ayurvedic-Financial-Freedom-Insights-Journey-ebook/dp/B086PMHXYT)

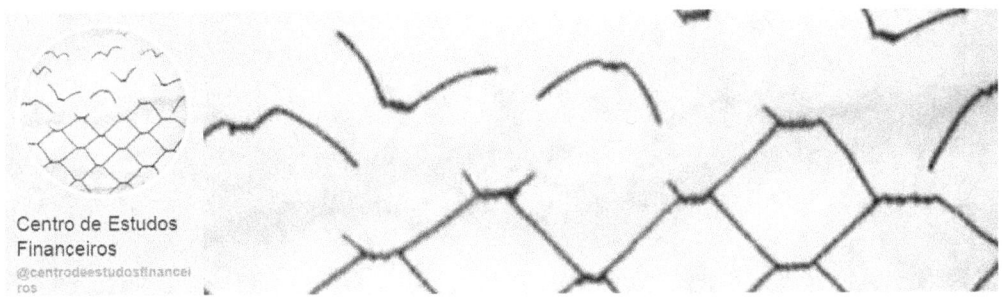

OUTROS LIVROS – Ações com Lucidez: a Saga de um Investidor Iniciante na Bolsa de Valores

O livro "Ações com Lucidez" apresenta o detalhamento da saga de um Investidor iniciante na renda fixa (Tesouro Direto) e na renda variável (Ações da Bolsa de Valores e Fundos de Investimentos Imobiliários, FIIs). Em linguagem simples e acessível este livro foi formulado através da compilação de documentos publicados na página do facebook do Centro de Estudos Financeiros (www.facebook.com.br/centrodeestudosfinanceiros) durante o ano de 2019, utilizando dados reais de um cliente que eu vinha prestando sessões de mentoria financeira desde 2017. O cliente se enquadra em um perfil que possivelmente deva ser similar ao da grande maioria dos Brasileiros.

(https://www.amazon.com.br/gp/product/B08C8ZZFNC/ref=dbs_a_def_rwt_bibl_vppi_i1)

Diego Tresinari Ph.D.

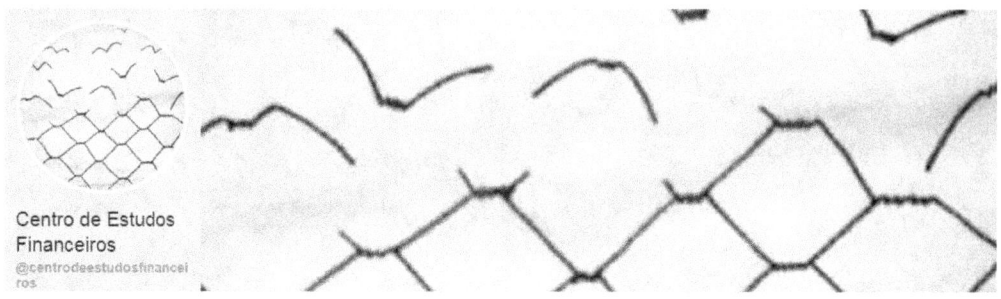

SÉRIE DE LIVROS NA AMAZON- Investimentos com Lucidez

Todos os livros acima fazem parta da série de livros: Investimentos com Lucidez. Ainda serão lançados brevemente os livros: Imóveis com Lucidez e Renda Fixa com Lucidez que farão parte desta série, bem como possivelmente outros relacionados à temática finanças e investimentos, assim que para acompanhar o lançamento dos próximos livros acesse o link: https://www.amazon.com/-/pt/gp/product/B08NGPLYNM?ref_=dbs_dp_rwt_sb_tkin&binding=kindle_edition.

A série Investimentos com Lucidez é uma série que contém livros que abordam tanto os temas finanças pessoais e investimentos [Renda Fixa,

Tesouro Direto, Ações, Dólar, Fundos Imobiliários, Imóveis, Investimentos Responsáveis (ESG): investimentos sustentáveis e socialmente responsáveis, Criptomoedas, etc.] quanto autoconhecimento e surge de um projeto pessoal que brotou na reta final de minha jornada de liberdade/independência financeira. Iniciado em 2008 a minha jornada financeira foi se entrelaçando durante os anos com a minha jornada de autoconhecimento e culminou no primeiro livro da série: Ayurvedic Financial Freedom: Insights From My Wealth Journey (2020), que posteriormente foi traduzido para o Português recebendo o título: Liberdade Financeira Ayurvédica: Insights de Minha Jornada. Este é um livro sobre como você pode usar o melhor de si mesmo para se tornar financeiramente independente. Na direção oposta da maioria dos renomados livros e gurus do enriquecimento, este livro se concentra em saber que devemos assumir o controle de nossa vida financeira e buscar liberdade e paz interior. A etapa de autoconhecimento é conduzida usando os tradicionais sistemas orientais Ayurveda e Mindfulness para expor as ilusões da mente e trazer nosso corpo-mente de volta ao equilíbrio. O conhecimento dos 3 biotipos do Ayurveda, Vata, Pitta e Kapha, é usado para compreender nossa própria personalidade, a fim de expor nossas forças e fraquezas em relação à questões financeiras. Assim que o primeiro passo da jornada é abraçar nossa personalidade e usar o melhor dela para definir um plano de liberdade financeira, estando ciente de nossas emoções, impulsos e necessidades no momento presente para nos manter com as rédeas na mão.

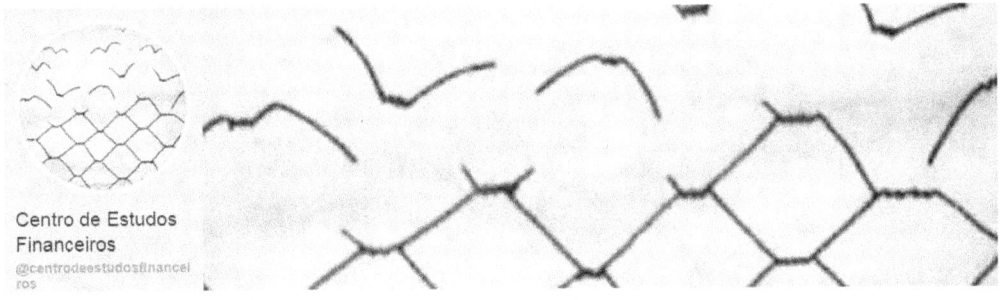

TUTORIAL – INCLUSÃO DOS INDICADORES DE ANÁLISE GRÁFICA DISCUTIDOS (Bandas de Bollinger e Médias Móveis)

A seguir é apresentado o detalhamento de como inserir os indicadores de análise gráfica discutidos: bandas de bollinger e médias móveis de 9 e 20 períodos na plataforma do Tradingview.

O acesso a plataforma do Tradingview é realizado pelo site https://br.tradingview.com/. E para você manter todos os seus estudos gráficos salvados é melhor que você faça um login. O acesso é gratuito e pode ser feito via sua conta do Google, Facebook, etc... (veja abaixo).

Diego Tresinari Ph.D.

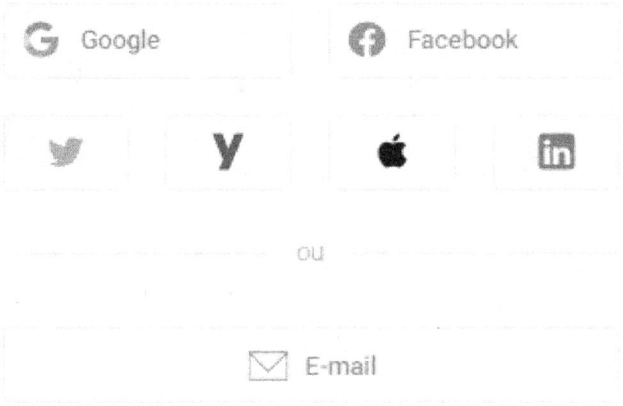

Para fazer os estudos gráficos que fiz durante todos os informes eu usei o plano gratuito (Basic) da Plataforma, porém se você desejar há outros planos que você pode contratar (veja abaixo). Um ponto ruim que acontece comigo todas às tardes de sextas-feiras quando estou fazendo os meus estudos é que fica aparecendo Pop-ups de propagandas. Porém, com um pouco de paciência eu vou e clico para fechar a propagando e volto para os meus estudos.

Investidor-Trader Lúcido: Integrando Estratégias "Opostas" na Bolsa de Valores

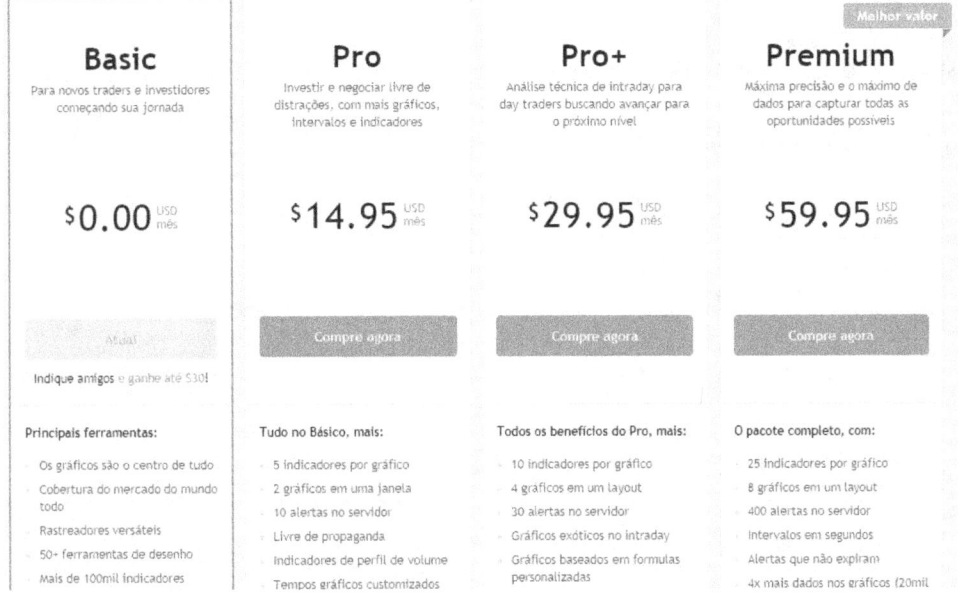

Uma vez feito o login você deve clicar em "Gráfico" (Veja abaixo).

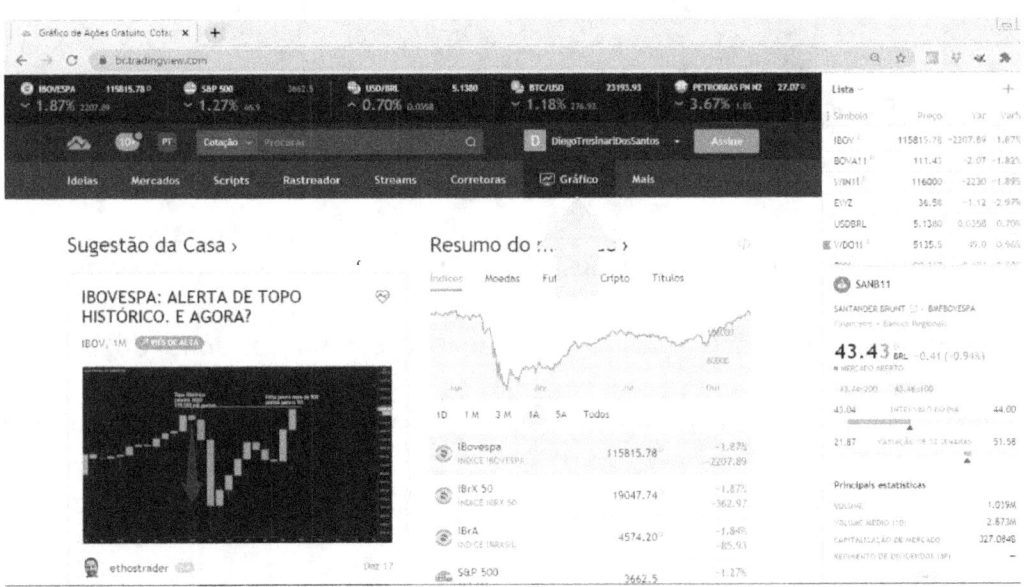

Diego Tresinari Ph.D.

Em seguida você insere o código do ativo que você deseja fazer o estudo no canto do alto da esquerda em "Pesquisa de Símbolo" indicado com um retângulo no topo (Veja abaixo).

Especificamente escolhi o código SANB11 para fazer o estudo do comportamento das cotações das ações do Banco Santander. No caso prévio eu já havia feito a inclusão das linhas de tendência horizontais e inclinadas. Para você fazê-las você deve clicar no cantinho do alto da esquerda em "Ferramentas de Linhas de Tendência" para posteriormente você selecionar ou "Linha de Tendência" indicado com um retângulo para desenhar as linhas inclinadas ou "Linha Horizontal" indicado com um retângulo para desenhar as linhas horizontais.

E para inserir especificamente os indicadores de análise gráfica discutidos neste livro você deve clicar no símbolo "Indicadores & Estratégias" indicado com um retângulo no topo (Veja abaixo).

Vocês verão que logo aparece as "Bandas de Bollinger" uma vez que os indicadores são listados em ordem alfabética. Daí você dá um clique em "Bandas de Bollinger" e após encontrar "Média Móvel" você dá um segundo clique e por último você dá um terceiro e último clique em "Média Móvel Exponencial" e clica no X indicado com um retângulo no canto direito. Assim você inseriu os 3 indicadores que uso e descrevi no livro. Mas e MACD, IFR (RSI), Estocástico, etc.? Eu já testei o uso da maioria deles, mas hoje prefiro usar somente os 3 que indiquei.

E por último, falta somente a acertar a configuração da Média Móvel (MA) (retângulo) uma vez que a configuração inicial dela é 9 Períodos e desejamos trocar para 200 (Veja Abaixo). Uma vez alterado o número 9 para 200 se você desejar ficar com um gráfico igualzinho ao meu você pode alterar a cor da linha (clicando em estilo) e posteriormente no quadrado azul. Eu faço esta alteração pois originalmente a cor da MA é azul assim como a da EMA (Exponential Moving Average: Média Movel Exponencial) e eu não desejo ficar com duas médias móveis de cor igual para não confundir.

E por último não se esqueça de selecionar o período da apresentação do seu gráfico para 1 Semana (retângulo com a letra S) para a aplicação da "Metodologia Zen" que venho ensinando a vocês se ajuste de maneira mais precisa, pois daí as médias móveis serão de 9 (azul), 20 (vermelho, média que faz parte da Banda de Bollinger) e 200 (verde)

Diego Tresinari Ph.D.

semanas. E Voilà! Abaixo segue o gráfico bonitinho.

www.ingramcontent.com/pod-product-compliance
Lightning Source LLC
Chambersburg PA
CBHW081428220526
45466CB00008B/2310